CINTHYA GONZÁLEZ

LA INTUICIÓN DE LAS BRUJAS

ALFAGUARA

Papel certificado por el Forest Stewardship Council®

Primera edición: septiembre de 2023
Primera reimpresión: enero de 2024

© 2023, Cinthya González
© 2023, Penguin Random House Grupo Editorial, S. A. U.
Travessera de Gràcia, 47-49. 08021 Barcelona
Imágenes de interior: © iStock
Diseño de cubierta: Penguin Random House Grupo Editorial / Manuel Esclapez
Imagen de cubierta: © Larissa Arantes

Printed in Spain – Impreso en España

ISBN: 978-84-19507-38-9
Depósito legal: B-12.198-2023

Compuesto en redoble.studio
Impreso en Gómez Aparicio, S. L.
Casarrubuelos (Madrid)

AL07389

Para mi brujita favorita,
Ángela

ÍNDICE

QUERIDA, QUIERO QUE SEPAS...

El objetivo de este libro es recordar el poder y la sabiduría que existe en cada mujer. Revindicar la figura de la bruja, que en el pasado se ha utilizado para estigmatizar y reprimir a las mujeres que desean ir más allá de lo establecido por la sociedad y el sistema. Aquí encontrarás una invitación permanente para que te adueñes de tu pensamiento, cuerpo, espiritualidad y vida.

Encontrarás referencias al «patriarcado», el «sistema» y el «machismo». El fin de estas referencias no es atacar, sino tomar consciencia, porque hacerlo nos ayudará a comprender un poco más nuestra historia.

Entiendo que para muchas personas la palabra «bruja» sigue teniendo un gran peso negativo en el presente. Si no te identificas con esa palabra, te invito a que la sustituyas por otra por la que sientas más afinidad: «mujer», «diosa» o «sanadora», por ejemplo.

Te recomiendo que tengas a mano un bolígrafo y un cuaderno para anotar cualquier cosa que se te ocurra mientras lees este libro. Al final de algunos temas encontrarás ejercicios; te invito a que los lleves a cabo sin juicio y con empatía.

No subestimes tus respuestas, porque cada una de ellas te va a mostrar el camino de tu sabiduría.

RECUERDA QUE TIENES LA LIBERTAD DE CUESTIONAR LA INFORMACIÓN QUE ENCONTRARÁS AQUÍ. TE INVITO A QUE TE QUEDES CON LA INFORMACIÓN QUE ESTÉ EN SINTONÍA CONTIGO.

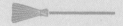

Sigue viviendo tu proceso personal a tu ritmo, hazlo desde la compasión y la empatía. Date la oportunidad de continuar transformando cada una de las creencias que ya no sean funcionales en tu presente.

Por último, antes de leer este libro, te recomiendo que contestes las preguntas que te encontrarás a continuación. Ve a un espacio en el cual puedas estar en silencio unos instantes. Inhala profundamente y exhala. Poco a poco, ve soltando las tensiones, permite que tu cuerpo se relaje. Inhala profundamente y exhala. Ponle una pausa a cada uno de los pensamientos que hay en este instante en ti. Vuelve a inhalar y exhalar profundamente, siente el movimiento natural de tu pecho.

Trae a este presente toda la información que tengas sobre los siguientes temas: brujas, intuición, poder femenino, energía femenina, espiritualidad y amor propio. Quédate así unos segundos. Cuando estés lista, revisa estas preguntas:

◆ ¿Qué representa para ti la palabra «bruja»?

◆ ¿Qué sabes de la intuición?

◆ ¿Qué sabes del poder femenino y la energía femenina?

◆ ¿Te sientes conectada a tu intuición?

◆ ¿Cómo cuidas tu espiritualidad?

◆ ¿Qué es para ti el amor propio?

TÓMATE EL TIEMPO NECESARIO PARA REFLEXIONAR SOBRE TUS RESPUESTAS.

EL AQUELARRE SIGUE VIVO

Salir de la oscuridad. Abrir los ojos. Mirar todo lo que está alrededor. Conectar con el brillo. Aprender. Conectar con la intuición. Vivir cada ciclo con respeto. Conectar con la energía masculina y femenina. Cuestionar cada pensamiento limitante. Abrazar la sombra. Conocer la historia. Transformar creencias. Conocer el miedo. Conectar con la magia. Escuchar la intuición. Habitar el cuerpo con amor y respeto. Alzar la voz. Soltar. Fluir. Crear. Brillar. Amar. Así se comienza a trazar el camino, un camino elegido por ti. No existe una manera correcta para vivirlo, cada mujer decidirá cuándo es el momento y cómo lo hará. Tampoco hay un tiempo estimado. Puedes iniciar tu proceso a solas o acompañada. En muchas ocasiones puedes hacer pausas para reflexionar o solo descansar. Insisto, todo es válido.

CONECTAR CON LA BRUJA SABIA QUE VIVE EN TI ES Y SERÁ SIEMPRE UN ACTO REVOLUCIONARIO.

La historia nos hizo creer que eran las malas del cuento. Las impuras y malignas. Fueron condenadas por tener conocimiento. Les enseñaron a tenerle miedo al poder y la sabiduría. Hicieron que sintieran vergüenza de su cuerpo y les prohibieron vivir libremente su sexualidad. Las juzgaron por tener un pensamiento libre. Las obligaron a permanecer encerradas. Las llamaron brujas. Y sí, son brujas, mujeres libres, listas para volar, crear y amar. Dispuestas a seguir defendiendo sus derechos y libertad. Y no, no son «malas». Ellas saben que la maldad existe en todos los seres humanos, tanto que en el pasado las condenaron y mataron por ideas absurdas. Y no están dispuestas a vivir bajo los roles que ha impuesto un sistema heteropatriarcal y capitalista, ¡el aquelarre sigue más vivo que nunca!

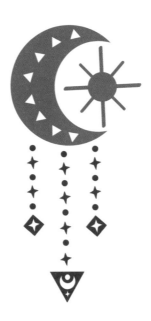

BRUJAS

La esposa del demonio, la curandera, la sanadora, la chamana, la salvaje, la rebelde, la puta, la intensa, la lunática, la histérica, la feminista…; así es, la palabra «bruja» tiene diferentes connotaciones. En la actualidad ya no es una palabra tan estigmatizada, muchas mujeres han decidido autodenominarse brujas; aun así, se siguen enfrentando con algunos comentarios negativos.

PERO ¿DE DÓNDE SURGIÓ LA PALABRA «BRUJA»? ¿QUÉ SENTIDO TIENE EN ESTOS DÍAS? SU ORIGEN ES CONFUSO.

El *Diccionario de la lengua española* de la Real Academia Española menciona que su origen es prerromano. Sin embargo, otras teorías dicen que proviene del catalán «*bruixa*» o del latín «*voluxa*», cuyo significado es 'que vuela'. También la han asociado con algunos vocablos protoceltas: «*brixta*» ('hechizo'), «*brixru-*» ('magia'). Desde luego, ninguno es claro, pero todos han ayudado a crear algunas ideas sobre esta misteriosa palabra, la cual actualmente se utiliza tanto para referirse a una mujer que practica el ocultismo como a una mujer llena de poder y sabiduría. Todo esto va a depender de la perspectiva de cada persona.

LA CAZA
DE BRUJAS

*La humanidad ha tenido siempre miedo de las
mujeres que vuelan, pero no por brujas,
sino por libres.*

JAKUB RÓZALSKI

Gran parte de los antropólogos sustentan la creencia de que las mujeres fueron las primeras agricultoras. En la prehistoria, los hombres se ocupaban del abasto de la carne mediante la caza de animales, mientras que las mujeres se encargaban de la recolección de los vegetales. Es importante señalar que estas dos funciones no eran impuestas ni obligatorias, cada integrante del grupo debía tener la capacidad de sobrevivir, por lo tanto, las actividades podían ser ejecutadas por hombres y por mujeres. Algunas mujeres, mediante su cosmovisión, descubrieron las propiedades medicinales de las plantas, la sincronicidad entre los ciclos menstruales y las fases de la luna, y aprendieron a preparar el barro y hornear la cerámica.

Durante el Neolítico se llevó a cabo la domesticación de plantas y animales, lo cual ayudó a crear un control sobre la reserva y almacenamiento de alimentos, y también comenzaron a crear territorios estables en donde se podía ejercer el sedentarismo. Mediante rezos, rituales y festividades se le rendía culto a la diosa madre que protegía la cosecha, el ganado y la fertilidad. En el antiguo Egipto, las mujeres vivieron con gran libertad, y no solo tenían acceso a la educación, sino que también eran comerciantes, poseían tierras y ostentaban cargos de poder. En la Edad de Bronce, la población aumentó y, por lo tanto, se generaron algunos cambios significativos para la mujer. Gracias al aumento de la población, se comenzó a necesitar más fuerza física para la producción de alimentos y, en consecuencia, el hombre intervino y poco a poco se fue apoderando de la agricultura y, como resultado, se comenzó a crear una desigualdad en todos los gremios.

EN LA ANTIGUA GRECIA, LA MUJER NO CONTABA CON NINGÚN RECONOCIMIENTO NI DERECHO. SE LA CONSIDERABA UN SER INCOMPLETO Y DÉBIL.

La educación de la mujer estaba destinada a su función como esposa. Las mujeres libres eran las prostitutas, en las cuales había tres categorías: las *pórnai* (del griego antiguo πόρναι, en singular *pornē*), que ejercían la prostitución en burdeles humildes; las *pallakaí* (del griego παλλακαί, en singular *pallakē*), que eran las concubinas y tenían como única función dar placer, y, por último, las *hetairas* o *hetairai* (del griego ἑταῖραι, en singular *hetaira*). Varios historiadores señalan que las *hetairas* eran mujeres que pertenecían al más alto nivel de prostitución. Su papel no solo era sexual, ya que también acompañaban a los hombres con una buena conversación, cantando o bailando.

Durante la Edad Media se llevaba a cabo el sistema de gobierno feudal, el cual dividía la sociedad en tres clases: el clero, la nobleza y los siervos. Las mujeres que pertenecían a la clase del clero estaban destinadas al convento, mientras que el valor de las nobles dependía de la cantidad de tierras que podían aportar al matrimonio. Cuantas más tierras tenía una mujer de la nobleza, más apreciada era por los hombres. Las mujeres de clase baja trabajaban con los hombres en el campo, se encargaban del cuidado de los hijos…, y aquellas que habían heredado conocimientos sanadores de sus abuelas o madres brindaban asistencia a enfermos y a mujeres embarazadas, a las que también ayudaban a parir. El pueblo las conocía como «curanderas», «sanadoras» o «brujas».

En Europa, a finales de la Edad Media, se estaba gestando una gran crisis a nivel general: se vivía la transición del feudalismo al capitalismo, la pandemia de la peste negra supuso la muerte del 30 por ciento de la población, la Iglesia católica comenzó a perder fuerza y la gente estaba inmersa en una profunda crisis de fe por todo el caos que se estaba viviendo. Y, por último, se generó de manera contundente la división de género: los hombres se adueñaron de los campos de la ciencia y el conocimiento y las mujeres quedaron relegadas a ocuparse de las labores domésticas. Se prohibió que pudieran acceder a las fuentes de conocimiento; es decir, en ese momento era inaudito que las mujeres ejercieran el pensamiento libre.

LA IGLESIA, PARA DEFENDER SUS INTERESES, COMENZÓ UNA CRUZADA QUE INCLUÍA LA PERSECUCIÓN DE LOS HEREJES.

Acusó a las brujas, hechiceras, curanderas y sanadoras de practicar acciones ajenas a la Iglesia, lo cual representaba una amenaza religiosa y política. En 1486, dos monjes inquisidores dominicos, Enrique

Kramer y Jakob Sprenger, ambos del Sacro Imperio Romano Germánico, escribieron *Malleus maleficarum* ('El martillo de las brujas'), un libro que contribuyó a perseguir a las mujeres, pues en él se afirma, entre otras cosas: «Toda hechicería proviene de la lujuria carnal, que es en la mujer insaciable». La obra se divide en tres partes. En la primera se demuestra la existencia de la magia; en la segunda se habla de los métodos de brujería, y en la tercera se explica cómo se pueden identificar las brujas. Como por entonces ya se había inventado la imprenta, el libro tuvo una gran difusión. Está de más resaltar lo machista y misógino que resultó ser.

Los inquisidores pensaban que era el mismísimo demonio, quien se encontraba en guerra constante con Dios, el que proporcionaba sus conocimientos a las mujeres, pues trataba de recuperar su poder a través de las brujas, llevando a las personas a la perdición, impureza y maldad. La mujer se convirtió en símbolo de la maldad, la lujuria y la perversidad. Fueron muchas las brujas condenadas por vivir su sexualidad libremente y por tener conocimientos empíricos de medicina y ginecología.

VARIOS ESTUDIOSOS AFIRMAN QUE DISPONÍAN DE ANALGÉSICOS, TRANQUILIZANTES Y DIGESTIVOS, QUE PREPARABAN CON HIERBAS Y PLANTAS CURATIVAS COMO LA BELLADONA, QUE EN LA ACTUALIDAD SE SIGUE UTILIZANDO EN MEDICINA.

Las mujeres que tenían mayor probabilidad de ser juzgadas eran las solteras, viudas y campesinas, y aquellas que presentaban síntomas como vómitos, temblores, distonía (contracciones musculares involuntarias), llanto o desdoblamiento de la personalidad (conocido actualmente como «trastorno de personalidad múltiple»), que suele ocurrir como reacción a una situación traumática y se caracteriza por la presencia de dos o más personalidades distintas. Hoy sabemos que un gran porcentaje de las personas juzgadas y ejecutadas padecía alguna enfermedad mental, puesto que existe una gran semejanza entre los síntomas mencionados y los que se observan en caso de ataques de pánico, histeria o epilepsia, entre otros trastornos. Es importante recordar que las enfermedades mentales han existido siempre, contamos con referencias escritas del antiguo Egipto y de otras civilizaciones.

En el siglo XVI seguían teniendo mucha fuerza este tipo de preceptos y creencias, tanto que se les dio un marco legal, y la brujería se consideró un crimen grave, y cientos de mujeres, en su mayoría de clase baja, fueron condenadas a muerte. Varios historiadores señalan que en 1782 en Suiza se hizo el último juicio por brujería. Tan solo un 20 por ciento de las personas acusadas de brujería fueron hombres, y fue, sobre todo, porque tenían alguna relación directa con una bruja.

En 2017, los investigadores Peter T. Leeson y Jacob W. Russ publicaron en *The Economic Journal* el estudio «Witch Trials». En su análisis destacan que, a lo largo de cinco siglos y medio, fueron juzgadas por brujería más de cuarenta y tres mil personas en veintiún países europeos. Los países donde hubo más ejecuciones fueron: Alemania, Francia, Suiza y Polonia. Al contrario que Italia, España y Portugal. Se calcula que, durante esa época, murieron entre cincuenta mil y sesenta mil personas por esa causa. A finales del siglo XVII se llevaron a cabo los últimos juicios.

EN EL SIGLO XXI SIGUE SIENDO UN PELIGRO SER MUJER, INDEPENDIENTEMENTE DE SI TE IDENTIFICAS CON LAS BRUJAS O NO.

Los prejuicios, la brecha salarial, el trabajo doméstico no remunerado, la violencia laboral, el acoso y el hostigamiento sexual, los estereotipos o el matrimonio infantil son solo algunos de los obstáculos a los que actualmente se enfrentan las mujeres. Hoy, como en el pasado, las mujeres siguen siendo cuestionadas por ejercer un pensamiento libre, por su vestimenta, por tomar decisiones sobre su cuerpo y su sexualidad, por alzar la voz o simplemente por reclamar sus derechos. Cada día son más las mujeres que se suman a esta lucha. Mediante los medios sociales y las organizaciones no gubernamentales se han generado grandes avances. Sin embargo, aún faltan cambios por hacer. Y uno de ellos es de-construir todas las ideas y la carga negativa que hay sobre las mujeres, porque ser mujer no debería ser un peligro.

EL ESTEREOTIPO DE LA BRUJA

Para hablar sobre este tema, primero es necesario entender qué es un estereotipo. Según el *Diccionario de la lengua española* de la Real Academia Española, es 'una imagen o idea aceptada comúnmente por un grupo o sociedad con carácter inmutable'. La palabra deriva del griego στερεός (*stereós*), que significa 'sólido', y τύπος (*týpos*), que se traduce como 'impresión' o 'molde'. En la psicología social, los estereotipos son generalizaciones que se basan en creencias, sentimientos y expectativas, los cuales ayudan a crear una imagen de cómo tiene que ser y sentir el otro. Estas valoraciones generan prejuicios y etiquetas peyorativas, lo que a su vez crea conflictos sociales, tensiones y, en muchos casos, también desigualdad. La imagen de la bruja siempre ha estado muy estereotipada, y durante siglos ha aparecido asociada con la oscuridad, la maldad y la fealdad, algo que, actualmente, los medios de comunicación siguen perpetuando.

EN EL PASADO, EL ARTE Y LA CULTURA ERAN LOS PRINCIPALES GENERADORES DE ESTEREOTIPOS. UNA OBRA MUY SIGNIFICATIVA RELACIONADA CON EL MUNDO DE LA BRUJERÍA ES *EL AQUELARRE* DE FRANCISCO DE GOYA, DE 1798.

Se dice que Goya creó esta pintura bajo la influencia de su amigo escritor Leandro Fernández de Moratín, el cual tenía en su poder el auto de fe contra las brujas de Zugarramurdi de 1610. Con *El aquelarre*, Goya quiso manifestar su crítica hacia la Iglesia por la manera tan cruel en la que se ejecutó a miles de mujeres. En la pintura se observa la oscuridad de la noche, una luna brillante y, en el centro, un macho cabrío, el cual representa al diablo. Las mujeres que están sentadas alrededor del macho cabrío representan a María Presoná y María Joanto, que fueron acusadas de brujería en el pueblo de Zugarramurdi en 1610. Sin embargo, el que creó la imagen popular que actualmente tenemos sobre las brujas fue el artista holandés del siglo XIV Pieter Brueghel el Viejo. El gato negro, la escoba, el caldero y las brujas volando fueron parte de su mundo imaginario. En la literatura, encontramos una de las primeras representaciones de una bruja en *La odisea* de Homero. Se trata de Circe, considerada la primera bruja de la mitología griega. Circe era muy peligrosa porque contaba con un gran conocimiento sobre hierbas, que utilizaba para preparar sus hechizos. También tenemos la recopilación de cuentos de los hermanos Grimm, donde las brujas, las magas y las hechiceras cumplían su papel de personajes antagónicos en las historias, representando la maldad por excelencia. En *Hansel y Gretel*, la bruja malvada quería comerse a los niños; en *Rapunzel*, la bruja secuestra a una niña y pretende quedarse con ella para siempre, privándola de su libertad.

En el folclore tenemos grandes ejemplos. En Italia cuentan con la bruja Befana, que cada 5 de enero visita los hogares italianos por la noche, al igual que lo hacen los Reyes Magos. Los niños dejan sus calcetines para que los Reyes Magos los llenen de regalos, y además, si han cumplido con sus tareas y se han portado bien, la bruja Befana llenará sus calcetines de dulces y chocolates. Pero, en el caso de que no se hayan portado bien, solo se encontrarán con pedazos de carbón. Befana representa el fin de la Navidad y del año, por eso tiene el aspecto de anciana, pero en este caso es una anciana sonriente, que no causa miedo a los niños.

Por otro lado, tenemos a Baba Yagá, que pertenece al folclore ruso. Es una bruja anciana que vive en las profundidades del bosque en una casa rodeada de árboles y cráneos. Una de sus piernas es un hueso, que representa el mundo de los muertos, y la otra es una pierna normal, que representa el mundo de los vivos. Esta bruja aparece en varias historias, en las cuales podemos ver diferentes facetas de Baba Yagá.

LA PRIMERA BRUJA QUE APARECIÓ EN UNA PANTALLA DE CINE ERA LA PURA IMAGEN DE LA FEALDAD, LA OSCURIDAD Y LA MALDAD.

Fue en la película *Blancanieves*, dirigida por J. Searle Dawley en 1916. No fue hasta 1939 cuando en los filmes empezaron a aparecer brujas con un toque de fantasía. Uno de los grandes ejemplos es *El mago de Oz* (1937), donde Elphaba Thropp es una bruja cuya piel verde le dificulta el poder adaptarse a la sociedad y hace que se convierta en una mujer introvertida y muy irritable.

En 1958 la bruja comienza a tener unos toques de *femme fatale*. Recordemos, por ejemplo, *Me enamoré de una bruja*, dirigida por Richard Quine, en la que aparece una bruja seductora, llena de amor propio y confianza, acompañada de su gran aliado: el gato negro. El gato es un animal asociado con el maligno desde antiguo: en 1233, una bula del papa Gregorio IX declaró que el gato era un servidor del diablo y, en 1484, el hecho de ver a una mujer con un gato negro era una prueba irrefutable de que se trataba de una bruja.

Y no podemos dejar de hablar de *Embrujada* (1964), la serie que nos mostró a la bruja enamorada, rubia y simpática, que renuncia a su magia e identidad para preservar su matrimonio. En la década de 1960, los hombres seguían dominando el sistema. Las actividades continuaban estando divididas por géneros. Igual que en el siglo xv, los hombres dominaban los campos del conocimiento y el trabajo duro, mientras que las mujeres seguían relegadas a las tareas domésticas. *Embrujada* nos dejaba muy claro que la mujer tenía que renunciar constantemente al conocimiento, al poder y a la sabiduría y permanecer en el hogar.

A finales del siglo xx, las brujas comenzaron a tener una imagen más comercial, amigable y terrenal, pero, eso sí, seguían estando del lado de la oscuridad y el misterio, y en ese momento ello favoreció que se las viera como personajes fascinantes. Como ejemplos de ello, tenemos las películas *Las brujas de Eastwick* (George Miller, 1987) y *Nicky, la aprendiz de bruja* (Hayao Miyazaki, 1989), que es un filme de animación en el que vemos que ser bruja no es algo sencillo. La pequeña Nicky tiene que vivir varias lecciones de vida que la ayudan a reforzar su magia y a convertirse en una gran bruja. Por último, series como *Sabrina, la bruja adolescente* y *Buffy, cazavampiros* nos dieron una imagen más fresca y actualizada.

ME GUSTARÍA DECIRTE QUE ACTUALMENTE EL ESTEREOTIPO DE LA BRUJA HA CAMBIADO, PERO NO ES ASÍ, SOLO SE HA MODIFICADO.

No obstante, gracias al trabajo de miles de mujeres realizado en el pasado y el presente, sabemos muy bien cuáles son los temas que aún se necesitan reforzar. En las redes sociales encontramos mujeres que se autodenominan brujas y que comparten sus experiencias y conocimientos. Su gran labor ha ayudado a empoderar a otras mujeres y a organizar grandes aquelarres por todo el mundo. Su mirada ha reforzado la imagen de la bruja sabia, espiritual, empoderada y conectada con la naturaleza. Sin embargo, en el inconsciente colectivo existe una herida, la cual ha generado inseguridad, autosabotaje, rechazo y abandono. Ahora, la lucha no solamente es contra el sistema patriarcal, sino también contra ellas mismas. La autoestima y el autoconcepto han sufrido grandes daños, tal como demuestra un estudio llevado a cabo en 2020 por la marca global de cosmética The Body Shop. En él, preguntaron a más de veintidós mil mujeres mayores de dieciocho años de veintiún países sobre su autoestima. Abarcaron diferentes dimensiones de la autoestima: autopercepción, gestión de emociones, autoconfianza y resiliencia. Este estudio dejó claro que, a nivel mundial, existe una gran crisis de amor propio. La puntuación promedio en el índice de amor propio fue de cincuenta y tres puntos en una escala de cero a cien. Esto significa que, en todo el mundo, una de cada dos mujeres tiene algún problema relacionado con su autoestima. Otro de los datos interesantes que encontraron fue que diez de cada diez mujeres desearían tener más respeto por sí mismas, y que cuatro de cada diez se sienten inútiles. Y más de la mitad de las mujeres dijeron que a menudo actúan como si estuvieran alegres para complacer a los demás. Está claro que la autoaceptación y la autoestima resultan ser tareas sumamente difíciles…

TENER EMPATÍA Y COMPASIÓN, CONFIAR Y CONOCER LAS FORTALEZAS Y HABILIDADES Y ACEPTAR LA MAGIA QUE VIVE EN CADA MUJER PUEDE LLEVAR AÑOS DE TRABAJO A NIVEL PERSONAL.

DIME QUE ERES UNA BRUJA SIN DECIRME QUE ERES UNA BRUJA

Si eres una mujer y osas asomarte a tu propio interior, ya eres una bruja.

WOMEN'S INTERNATIONAL TERRORIST CONSPIRACY FROM HELL

Ser bruja no tiene nada que ver con tu manera de vestir, sino con la manera en que vives tu vida. Independientemente de tu profesión, nacionalidad, cultura o talentos, tú ya eres una bruja por el simple hecho de ser mujer. La clave está en darte la oportunidad de descubrir y conectar con tu verdadero yo y con la magia que hay en ti.

BRUJA HEREDITARIA

La familia es el lugar donde se construye nuestro núcleo ideológico. En la infancia se inicia la construcción de la personalidad. El psicólogo Lev Vygotsky explica que los niños aprenden haciendo suyas las actividades, hábitos, vocabulario e ideas de los miembros de la comunidad en la que crecen. Por lo tanto, cada bruja ha recibido su conocimiento a través de su linaje (familia). Simbólicamente, el grimorio es toda la información que se ha ido transmitiendo de generación en generación. El linaje es la línea de antepasados y descendientes de cada persona.

Hoy existen varias propuestas como la psicogenealogía de Anne Ancelin Schützenberger y las constelaciones familiares de Bert Hellinger, entre otras, que señalan la importancia de conectar y sanar el vínculo con cada miembro del sistema familiar. Tomando en cuenta que no solo se hereda la biología, sino también patrones de conducta, ideas (creencias), sabiduría y conocimiento.

Aquí nos enfocaremos en el linaje femenino: mamá, abuela, bisabuela, tatarabuela, etc. Piensa en cada una de ellas. ¿Qué sabes de su historia de vida? ¿Qué similitudes tienes con ellas? ¿Qué sensaciones surgen al pensar en cada una de ellas? ¿Te sientes conectada con mamá?

La desconexión del linaje femenino se inicia cuando criticas, te sientes superior o no ocupas el lugar que te pertenece. Estas acciones obstruyen el paso continuo del amor, la sabiduría y el conocimiento. La conexión exige un trabajo profundo y consciente a nivel individual para poder crear respeto, empatía y un sentido de pertenencia. Toda bruja hereditaria tiene derecho a pertenecer a su clan desde su posición.

Querida bruja, date el permiso de conectar con la fuente divina, la cual está formada por cada una de las mujeres que forman parte de tu linaje femenino. Ahí encontrarás sabiduría, fuerza y amor. Colócate en tu lugar con respeto, mira hacia delante, mira tu futuro, y recuerda que no estás sola. Detrás de ti hay una fila de mujeres impulsándote para que sigas creando la vida que deseas.

Ve a un lugar donde puedas estar en silencio y en paz. Colócate en una posición en la cual tu cuerpo esté relajado. Inhala profundamente y exhala. De nuevo, inhala y exhala. Imagínate que estás en un hermoso bosque, es de noche, el cielo está hermoso, la luna llena tiene un brillo especial, el aroma es muy agradable para ti, te sientes protegida y en paz. Cerca de ti hay una hoguera. Poco a poco, comienzas a dirigirte hacia ella. Observa con atención el fuego, siente el calor que desprende, y verás que se acercan mujeres, algunas conocidas y otras no, pero todas forman parte de tu linaje femenino. A este encuentro llegan tu mamá y tus abuelas, tías, bisabuelas, tatarabuelas...; todas las mujeres que forman parte de tu sistema familiar. Siente cómo tu corazón comienza a palpitar cada vez más fuerte al recibir esta bocanada de energía femenina. Todas han venido a llenarte de amor, sabiduría y fuerza. Quieren recordarte que no estás sola.

Poco a poco, van formando un círculo y tú te quedas en el centro, junto a la hoguera. Quédate así unos segundos, observándolas, recibiendo todo el amor que tienen para ti. Inhala y exhala. Se van a acercar a ti tres mujeres: la más anciana, la más joven y tu madre. Cada una de ellas te entregará un regalo simbólico, este regalo puede ser alguna fortaleza, alguna frase o alguna sensación agradable. Toma sus regalos con amor y respeto. Da las gracias a cada una de ellas por este momento tan hermoso que han compartido contigo. Observa de nuevo a cada una de ellas, míralas a los ojos y conecta con ellas. Poco a poco, comienza a despedirte. Inhala y exhala. Pon atención... ¿Cómo te sientes? ¿Cuál es la postura de tu cuerpo? ¿Qué sensaciones hay en este momento?

Lentamente, te vuelves a quedar sola en el bosque. Inhala y exhala. Agradece de nuevo a todas las mujeres que te han acompañado en este ejercicio. Ve regresando poco a poco a tu presente.

❖ ¿Te has sentido conectada a ellas?
❖ ¿Cuáles han sido sus regalos?
❖ ¿Qué has sentido? Descríbelo.
❖ Reflexiona tus respuestas.

BRUJA *WICCA*

La *wicca* es una religión neopagana basada en la naturaleza. Sus dos principales deidades son el Dios y la Diosa. Los cuales representan lo masculino y lo femenino. *Wicca* es un término céltico que significa 'arte de los sabios' u 'oficio de los sabios'. Las brujas *wicca* creen en el poder de los cuatro elementos: tierra, fuego, aire y agua, con la combinación del quinto elemento: el éter (el éter representa la pureza y el brillo). Crean una conexión mediante rituales con los ciclos de la luna y las estaciones del año y se rigen de manera consciente con las siguientes reglas:

- **Vive y deja vivir.** Soltar la creencia de que puedes controlar a los demás requiere un trabajo profundo a nivel personal. Sin embargo, entender que cada persona tiene la libertad de elegir cómo desea vivir su vida es una manera estable y óptima para vivir.
- **Todo lo que hagas te será devuelto por tres veces.** Es conocida como la triple ley: todas las acciones, pensamientos y acciones llevan una carga vibracional. El científico japonés Masaru Emoto se dedicó a estudiar el agua y observó los cambios moleculares que se producen en el agua congelada a partir de la vibración de las palabras y las intenciones. Llegó a la conclusión de que, cuando el agua es sometida a palabras o intenciones positivas, se generan cristales armónicos, cuya combinación llega a ser casi perfecta, y cuando es sometida a palabras o intenciones negativas, se producen cristales deformes y desarmónicos. Es importante recordar que los seres humanos somos agua en más de un 50 por ciento. Por lo tanto,

cada palabra, intención y acción produce una vibración a nivel personal y también en el entorno.

- **Conócete a ti misma.** Tomar conciencia de todo lo que forma parte de ti es fundamental para conectar con tu esencia. Cada pensamiento, emoción y acto que generas llevan un aprendizaje y un mensaje para ti. El objetivo de conocerte a ti misma es que descubras cuál es el sentido de tu vida, cuáles son tus pasiones, virtudes y defectos, tu luz y tu sombra.

> *Querida bruja, conectar con tu esencia es conectar con tu naturaleza. Recuerda que eres un ser divino y que estás en esta vida para crear, amar y aprender. No te limites, escúchate, háblate con amor, permite que la magia sea parte de tu vida.*

DIARIO LUNAR

El diario lunar es un registro de tus sensaciones, emociones y experiencias. Su objetivo es que tomes conciencia de la sincronicidad que hay en ti con las fases de la luna. Alinearte con la energía cósmica te ayudará a comprender tu naturaleza, ciclo menstrual y etapas de la vida. Te darás cuenta de la influencia que tienen las fases de la luna en tus emociones, y todo este conocimiento te ayudará a gestionar mejor tus pensamientos y emociones y, también, a comprender tu ciclo menstrual y la interacción que tiene con la luna.

- **Pero ¿qué pasa si ya no estás menstruando?** No pasa nada, la sincronicidad con la luna siempre va a existir, independientemente de tu menstruación.
- **¿Qué necesitas?** Ten cerca una libreta elegida por ti, que será exclusivamente para tu diario lunar, y un calendario donde aparezcan las fases de la luna del año en curso.

INDICACIONES

◆ Siéntete con la libertad para crear el espacio y el ambiente en el cual puedas estar tranquila y relajada.

◆ Ten a mano tu calendario lunar y tu diario.

◆ Antes de escribir, cierra los ojos y respira profundamente. Conecta con tu presente.

◆ Revisa en el calendario lunar en qué fase está la luna.

◆ Escribe en tu diario, en primera persona y en tiempo presente, cómo te sientes. No lo pienses demasiado, permite que tu intuición te vaya guiando.

◆ Registra todo tipo de sensaciones, pensamientos y acontecimientos que sean importantes para ti.

◆ Una vez hayas terminado, lee tu escrito en voz alta.

◆ Para terminar, quédate unos minutos reflexionando sobre lo que has registrado el día de hoy. Pon atención: cómo se siente tu cuerpo, qué sensaciones hay. Y, si lo deseas, escríbelas.

◆ Tu registro lo puedes hacer antes de dormir.

BRUJAS VERDES

Las brujas verdes son mujeres que tienen conocimientos de hierbas y plantas, también generan una conexión con las fases de la luna y las estaciones del año. Comprenden la importancia de hacer pausas en su vida para hacer introspección. Respetan sus ciclos, saben que hay un periodo para sembrar sus intenciones y otro para cosechar, y están conectadas con su naturaleza instintiva. La naturaleza instintiva hace referencia al arquetipo de la loba, creado por la analista junguiana Clarissa Pinkola Estés, en su superventas *Mujeres que corren con los lobos*. Este arquetipo conecta con la sabiduría, el instinto, la intuición y la autenticidad que hay en cada ser humano. Para conectar con la naturaleza instintiva, es necesario romper con los miedos y las limitaciones, y en muchas ocasiones quedar en pedazos para comenzar a recolectar poco a poco cada pieza de nuestro *self* (el *self* es el centro de nuestra identidad, el yo auténtico). La loba representa a una mujer libre, leal y protectora, que toma riesgos, porque entiende que, pase lo que pase, siempre hay un aprendizaje.

Querida bruja, recuerda que no viniste a esta vida a complacer las expectativas de los demás, viniste a crear y amar, y para hacerlo es necesario que te conectes con tu naturaleza, en ella encontrarás absolutamente todo lo necesario para seguir creando la vida que deseas.

Imagínate libre, ligera, sin miedo. Imagínate tranquila, sin prisa, llena de amor propio. Imagínate conectada a tu intuición y sabiduría. Escucha tu respiración. Pon atención al movimiento natural de tu cuerpo cada vez que inhalas y exhalas. Cierra los ojos. Quédate así unos segundos, concentrada en tu presente.

Ahora, tranquilamente, reflexiona y contesta las siguientes preguntas. Hacerlo te ayudará a conocerte un poco más.

◆ ¿Cuál ha sido tu miedo más profundo?

◆ ¿Cuál ha sido el miedo que más trabajo te ha costado superar?

◆ ¿Cómo te sentiste después de superarlo?

◆ ¿Qué lecciones te han dejado tus miedos?

◆ ¿Qué significa para ti la libertad?

◆ ¿Te sientes estando conectada a tu esencia?

◆ ¿En la actualidad hay algo que te aleje de tu esencia?

◆ ¿Qué estarías haciendo en este momento si no tuvieras ningún miedo?

BRUJA SABIA

El concepto de la bruja sabia está inspirado en el libro *Las brujas no se quejan* de la doctora Jean Shinoda Bolen. En él menciona trece cualidades que debe cultivar la bruja sabia que vive en cada mujer. Así es, en todas las mujeres existe la capacidad de conectar con esta sabiduría, la cual se descubre a través de los años. Las brujas sabias miran más allá de los límites establecidos por la sociedad y el sistema, y toman riesgos con valentía y seguridad. Son atrevidas y cuentan con un excelente sentido del humor; se pueden reír de ellas mismas con respeto y amor, y también pueden reírse de las situaciones que van viviendo, algo que ayuda a que los procesos complicados resulten más ligeros. Se enfocan en su presente, que viven con gratitud y consciencia. Escuchan su intuición, pues saben que en ella pueden encontrar una guía permanente, y son conscientes de su sombra. (Carl Jung nos dice que la sombra representa el lado oscuro de nuestra personalidad; rasgos, miedos, inseguridades y actitudes que no reconocemos de manera consciente en nosotros mismos y proyectamos en otros). Para conocer e integrar la sombra, es importante recorrer el camino de autoconocimiento que nos llevará a un estado de integración y plenitud. Por eso, las brujas sabias tienen un gran interés por cuidar su salud mental, y constantemente buscan herramientas o alternativas que las ayuden a mejorar su bienestar. Expresan su sentir con amor y respeto, practican la empatía y generan límites saludables en su entorno.

Querida bruja, recuerda que eres sabia y poderosa.
Eres una fuente divina llena de cualidades y
fortalezas. Jamás dudes de tus capacidades
y de todo lo que puedes transformar.

TU ESPACIO SAGRADO

Es muy reconfortante tener tu espacio sagrado al cual puedas acudir cuando te sientas agotada emocionalmente y necesites meditar o reflexionar.

Elige un lugar tranquilo en tu casa en el que puedas colocar todos los objetos que simbólicamente te representen (por ejemplo: sahumerios, cuarzo, piedras, flores, velas, una fotografía tuya y tu diario...). Siéntete libre de crear tu espacio con tu esencia.

Busca una fotografía tuya, la más actual que tengas. Obsérvala con mucha atención. Quédate así unos segundos. Ahora reflexiona.

◆ **¿Qué sientes al mirarte?**

◆ **¿Cuál ha sido el trato que te has dado en los últimos días? Reflexiona unos minutos.**

◆ **¿Hay algo en lo que te tengas que pedir perdón?**

◆ **¿Qué consejos te darías a ti misma en este momento?**

NO NECESITAS UN GURÚ PARA SER UNA BRUJA

Las descripciones de las brujas que te has encontrado en este capítulo no son para que te encasilles en una de ellas, son para que reflexiones y elijas cómo deseas seguir viviendo tu proceso. Lo que pretendo es animarte a que continúes creando tu vida con libertad, consciencia y amor.

COMO TE COMENTÉ AL INICIO, NO EXISTE UNA MANERA CORRECTA PARA CONECTAR CON TU PODER; TODAS LAS MANERAS SON CORRECTAS.

Tú eres la que decides cómo y cuándo comenzar a empoderar a la bruja sabia que vive en ti. Date la oportunidad de transformar todo lo que ya no te sea útil. Recuerda que por tus venas corre la fuerza y la sabiduría de todas las mujeres que forman parte de tu linaje femenino, y también que te respalda todo el aprendizaje que has adquirido a través de tu vida.

NO ESTÁS SOLA EN ESTE PROCESO.

Y NO, NO NECESITAS UN GURÚ, LO ÚNI-
CO QUE VA A SER NECESARIO ES QUE
TE DES LA OPORTUNIDAD DE DECONS-
TRUIR VARIOS CONCEPTOS. PROBA-
BLEMENTE TAMBIÉN TENDRÁS QUE
CAMBIAR ALGUNOS PATRONES O HÁ-
BITOS, PERO AL FINAL TODO LO QUE
HARÁS ESTARÁ ENFOCADO EN TI Y EN
TU BIENESTAR.

EL MUNDO INTERIOR DE LA BRUJA

*No se puede abordar la cuestión del alma femenina
moldeando a la mujer de manera que se adapte a
una forma más aceptable según la definición
de la cultura que la ignora, y tampoco se puede
doblegar a una mujer con el fin de que adopte una
configuración intelectualmente aceptable para
aquellos que afirman ser los portadores exclusivos
del conocimiento.*

CLARISSA PINKOLA ESTÉS

E s probable que en algún momento de tu vida te hayan llamado loca, intensa, lunática, histérica, exagerada, gorda, flaca y hormonal, ya sea porque te autonombraste bruja ya por no acatar una orden, por cuestionar algún argumento que no vibraba contigo, por expresar tus emociones, por pedir un trato digno o por el simple hecho de querer vivir tu vida a tu manera. En este capítulo te hablaré sobre algunos de los desafíos cognitivos, emocionales y sociales que nos toca vivir a la mayoría de las mujeres que decidimos cambiar la narrativa de nuestra historia para conectar con nuestro brillo. Todo será expresado con un enfoque feminista, pues la adopción de esta perspectiva ayudará a comprender un poco mejor los problemas y la desigualdad que enfrentamos las mujeres, teniendo en cuenta que el hombre ha sido el foco de estudio a lo largo de la vida, lo que ha hecho que a la mujer se la mire con una perspectiva masculina y patológica. Durante muchos años se sostuvo la idea de que los males psicológicos de las mujeres estaban condicionados por la biología, y que las hormonas eran las responsables de todos ellos. Afortunadamente, figuras como la psicoanalista Karen Horney han ayudado a deconstruir esas ideas, demostrando que las hormonas no son las responsables, que los problemas de salud mental femeninos son el resultado de varios factores, entre los que cabe mencionar el ambiente social, la religión, la cultura, la política y la personalidad.

UNO DE LOS PRIMEROS PASOS QUE DEBE DAR TODA BRUJA ES AVERIGUAR QUÉ ES LO QUE HABITA EN SU MUNDO INTERIOR: LA MENTE O, COMO LOS ANTIGUOS GRIEGOS LA NOMBRABAN, LA PSIQUE.

A nivel general, se puede decir que la mente es un conjunto de capacidades cognitivas, las cuales organizan y procesan toda la información que recibes a lo largo de tu vida. Las principales capacidades de la mente son:

Percepción: te ayuda a interpretar todo lo que percibes mediante el oído, la vista, el olfato, el gusto y el tacto, y a crear un sentido de tu entorno.
Memoria: en la memoria incorporas y almacenas constantemente toda la información de tu historia. Gracias a ella, puedes producir recuerdos y acceder a ellos.

Razonamiento: te permite hacer hipótesis y solucionar los conflictos que se presentan en tu vida, ya que constantemente se está relacionando la información que se está percibiendo con la que ya se encuentra almacenada.

Ahora es importante comprender que hay dos procesos mentales: los procesos conscientes e inconscientes. La mente consciente es todo aquello de lo que tienes conocimiento al instante. Abarca todo lo lógico y racional. En la mente inconsciente se encuentran tus emociones, tus gustos, tus deseos, tu sombra y gran parte de tu ego. La ciencia nos indica que el 5 por ciento de nuestras conductas y decisiones son conscientes, mientras que el otro 95 por ciento tienen que ver con el inconsciente.

ASÍ QUE EL INCONSCIENTE CONTROLA Y GESTIONA GRAN PARTE DE TU VIDA.

Es fundamental que recuerdes que naciste con una mente vacía que se fue moldeando con la interacción con papá, mamá y las demás personas, en sus distintos niveles (físico, mental y emocional), junto con las construcciones sociales del sistema patriarcal en el que vivimos, que se fundamenta en diversas creencias y estereotipos de género que son los que indican lo que cada individuo «debe» y «puede» hacer en función de su sexo. Hombres y mujeres vivimos con las mismas normas, pero no con las mismas oportunidades y exigencias.

Desafortunadamente, toda esta información impide que muchas mujeres puedan conectar con su esencia. Por eso ahora te toca a ti analizar tu mundo interior, conocer tus paradigmas, creencias, recuerdos y experiencias que habitan en tu mente. Tendrás que evaluar cuán alejada estás de tu esencia, qué es lo que tienes que dejar ir y qué es lo que has de conservar, teniendo en cuenta que tu cerebro tiene la capacidad de desaprender y encontrar nuevas formas de ser, estar, pensar y sentir. Pero ¿qué es la esencia?

La esencia es un conjunto de características que te definen y te hacen única. Constantemente, cambiamos tanto física como psicológicamente, sin embargo, hay algo que siempre se va a mantener intacto: la esencia.

¿Cómo puedes saber si estás desconectada de tu esencia? Te invito a reflexionar sobre las siguientes preguntas: ¿Te has sentido distante, fatigada, apática, irritable, carente de creatividad, sin inspiración? ¿Has estado cediendo tu tiempo y creatividad a los demás? ¿Te sientes incapaz de crear y expresar tus límites? ¿Te cuesta trabajo expresar tus emociones? ¿Has sentido ganas de huir? ¿Constantemente estás buscando la perfección? ¿Te muestras excesivamente amable con los demás? ¿Sientes que te hace falta algo?

Cuando recuperas tu esencia, la cuidas y la defiendes ante todo y todos. Sientes paz y certeza. Te das cuenta de que no existe un molde para hacer una mujer. Te vives libremente a tu ritmo y manera. Comprendes tu naturaleza y conectas con tu intuición. Esto no significa que te conviertas en un ser egoísta, sino todo lo contrario, porque, así como respetas tu integridad, respetas también la de los demás.

CONOCER TU INTERIOR Y RECUPERAR TU ESENCIA AYUDARÁ A QUE LA BRUJA SABIA QUE VIVE EN TI SIGA EMPODERÁNDOSE.

YO SOY LA PROTAGONISTA
DE MI HISTORIA DE VIDA

La escritura terapéutica es una hermosa herramienta que nos ayuda a expresar y reconstruir situaciones. Nos permite conocernos mejor, desbloquear algunas emociones o pensamientos y comprender situaciones del pasado y del presente. En esta ocasión vas a escribir tu historia de vida, vas a acceder a tu memoria para traer a este presente, con mucho respeto y compasión, los recuerdos que habitan en ella. Siéntete con la libertad de iniciar tu historia con el primer recuerdo que te venga a la mente, sin importar la edad que tuvieras. Hay personas que pueden recordar cosas que les ocurrieron a los tres años, mientras que los recuerdos de otras se inician cuando tenían diez. No importa, aquí lo importante es que escribas los acontecimientos más significativos de tu vida, dándoles un orden y a su vez un sentido a cada uno.

RECOMENDACIONES

❖ Trata de que la redacción sea en primera persona.

❖ Puedes comenzar con los datos básicos: nombre, lugar donde naciste, nombre de tus padres, etc.

❖ Puedes dividir tus recuerdos por etapas: infancia, adolescencia y adultez.

❖ Tómate todo el tiempo que creas necesario para redactar tu historia de vida. Al terminar te recomiendo que la leas en voz alta, para que la escuches y puedas sentirla por todo tu cuerpo.

Te recomiendo que tras escribir tu historia de vida contestes las siguientes preguntas: ¿Qué título le pondrías a tu historia? ¿Qué sentiste al escribirla? ¿Identificas alguna creencia limitante? Si tuvieras la oportunidad de modificar una de tus experiencias, ¿cuál sería?, ¿cómo la modificarías?

SALIR DEL ARMARIO MÁGICO

*Siempre he dicho que habremos alcanzado
la verdadera igualdad social cuando podamos ser
tan necias, ineficaces y malvadas como lo son
algunos hombres sin que se nos señale
específicamente por eso.*

ROSA MONTERO

ada bruja vivirá su propio proceso de transformación, y dentro de ese proceso tendrá que conocer y gestionar uno de los sentimientos más complicados que nos toca vivir a todos los seres humanos: la culpa. En general, podemos decir que la culpa es un sentimiento que aparece cuando rompemos o creemos haber roto ciertas normas, ya sean sociales, religiosas, sexuales o existenciales. En la infancia se construye un conjunto de normas que nos ayudan a diferenciar el bien y el mal. Este conjunto de normas se conoce como «conciencia moral», la cual se gesta a través de los roles de género; sí, de nuevo se manifiesta la desigualdad, porque las normas con las cuales socialmente vive el hombre no van a ser las mismas que se aplican a la mujer. A la mayoría de las mujeres nos educan con las siguientes directrices: «sé amable», «adáptate», «el otro es más importante», «calla», «sé discreta», «no llames la atención», «complace», «sacrifícate», «aguanta», «obedece», «tu cuerpo es para procrear», «eres el sexo débil», «necesitas de alguien o de algo para sentirte completa», «las otras mujeres son tu competencia»…, por mencionar solo algunas. Pero ¿qué pasaría si nos saliéramos del guion establecido? Por ejemplo, si decidimos no ejercer la maternidad o no sacrificarnos por los demás, es muy probable que sintamos culpa por no cumplir con las expectativas o con el «ideal» que marca la sociedad y en muchos casos la religión. Lamentablemente, es una manera sutil en la cual nos controlan y nos limitan. Y como dijo Liliana Mizrahi: «La culpa nos confunde y nos quita lucidez, también sirve para mantenernos inmaduras, como eternas hijas menores de edad». Piensa en todas las veces que has sentido culpa por escucharte, por expresar lo que sientes, por tomar decisiones distintas a lo que tu familia o la sociedad esperaban, por romper esquemas o estructuras. La culpa no debería ser una de las antagonistas de tu historia.

ENTIENDO QUE LAS EMOCIONES Y SENTIMIENTOS SON PARTE DE LA EXPERIENCIA HUMANA, SIN EMBARGO, ES IMPORTANTE QUE APRENDAMOS A GESTIONARLA, PERO SOBRE TODO A QUITARLE EL PODER QUE TIENE SOBRE NOSOTRAS, PORQUE SIMPLEMENTE NO NOS PERTENECE.

PUNTOS IMPORTANTES PARA GESTIONAR LA CULPA

◆ Identifica la conducta o el cambio que quieres realizar en tu vida, pero te hace sentir culpable.

◆ ¿Para qué? Expresa los motivos que te impulsan a hacer ese cambio o a adoptar esa conducta. Reflexiona: ¿Cómo te sientes emocionalmente? ¿Qué postura tiene tu cuerpo en este momento?

◆ Toma en cuenta si los cambios que quieres llevar a cabo te generan crecimiento, amor y bienestar. Y, si es así, ¡hazlos!

◆ Por último, responsabilízate. El para qué lo estás haciendo será tu aliado y te acompañará en todo tu proceso.

TIENES DERECHO A BRILLAR

Nuestro miedo más profundo no es que seamos inadecuados. Nuestro miedo más profundo es que somos poderosos sin medida. Es nuestra luz, no nuestra oscuridad, lo que más nos asusta. Nos preguntamos: «¿Quién soy yo para ser brillante, hermosa, talentosa, fabulosa?». En realidad, ¿quién eres tú para no serlo?

MARIANNE WILLIAMSON

Querida bruja, recuerda que la magia se inicia cuando conectas con tu brillo, cuando aceptas y comprendes todo lo que forma parte de ti desde el amor, porque cada una de tus particularidades te hace ser quien eres. Eres un ser mágico. Eres poderosa. Eres amor. Eres luz. Eres vida. Eres sabiduría. Y aunque te hayan dicho todo lo contrario, quiero recordarte que naciste para brillar. Si estás dispuesta a empoderar a la bruja sabia que vive en ti, tendrás que hacer todo lo contrario de lo que te han enseñado. Es hora de que tomes conciencia de cada una de las limitaciones que te impiden conectar con tu brillo. Cuando hablo de tu brillo, hablo de tu esencia. Ese conjunto de características que te hacen única. Cuando hablo de tu brillo, hablo de que seas protagonista de tu vida. Cuando hablo de tu brillo, hablo de que tu voz es más fuerte e importante que la voz de los demás. Y, para iniciar este viaje, será necesario que te descubras a ti misma, que enfrentes cada uno de los miedos que se han ido creando a través de tu historia de vida y que han ocultado tu poder y fuerza.

58

CONOCIENDO EL MIEDO

El miedo es una de las emociones primarias. Se caracteriza por crear una sensación desagradable e intensa ante un peligro real o imaginario. Su función es prepararnos para la supervivencia. Por lo tanto, el miedo siempre va a formar parte de nuestra experiencia de vida.

EL OBJETIVO AQUÍ NO ES ELIMINARLO, PORQUE EL MIEDO TIENE LA FUNCIÓN DE CUIDARNOS ANTE UN ESTÍMULO O SITUACIÓN QUE NOS PUEDE GENERAR UN DAÑO.

Los miedos que vamos a tener que enfrentar y cuestionar van a ser los siguientes.

- **Miedo al éxito:** el éxito es subjetivo, ya que para cada persona es algo distinto, sin embargo, existe la tendencia a vincularlo con el dinero, la fama o el reconocimiento. No obstante, cuando hablo de éxito, me refiero a que estés gestando tu vida acorde a lo que desees. Que te sientas tranquila, satisfecha, motivada para seguir avanzando.
- **Miedo a cometer un error:** desde la infancia nos venden la idea de que está prohibido equivocarnos, nos educan para sobresalir, para buscar siempre la perfección, y no es hasta la edad adulta que comprendemos que la incertidumbre forma parte de la vida y que, por lo tanto, no vamos a poder controlar el resultado de nuestras acciones y decisiones. Y, como dijo Elbert Hubbard, el mayor error que

puedes cometer en la vida es tener siempre miedo de que cometerás uno. Está de más recordarte que todos, absolutamente todos los seres humanos, cometemos errores y que, gracias a ellos, se nos abre una oportunidad de seguir aprendiendo.

- **Miedo a perder la red de apoyo:** cuando conectas con tu brillo, existe la posibilidad de que dejes de compartir similitudes con tu red de apoyo (familia y amigos). Muy probablemente se va a modificar la relación con cada uno ellos, ya sea porque manifiestas límites saludables, cambias tus prioridades, comienzas a sobresalir en tus proyectos personales o decides hacer cambios radicales en tu vida que están alineados con tu brillo.

- **Miedo a ser vistas:** ya sea por ejercer profesiones que históricamente han pertenecido a los hombres o por expresar una opinión sobre algún tema. Tener encima las miradas de los demás puede resultarnos intimidante porque no estamos acostumbradas a esa dinámica.

Recuerda, querida bruja, detrás de cada uno de esos miedos irracionales se encuentra tu brillo esperando a que vuelvas a tener contacto con él. Para que lo incorpores a tu vida y jamás lo sueltes. Así es, querida bruja, jamás sueltes eso que te hace única, jamás te sueltes.

CREANDO MI NUEVA REALIDAD

Debes aprender una nueva forma de pensar antes de que puedas dominar una nueva forma de ser.
MARIANNE WILLIAMSON

Como te comenté al inicio de este capítulo, tu mente contiene información que te ayuda a percibir tanto tu mundo interior como tu mundo exterior. Mucha de esta información puede estar limitando tu progreso. Por fortuna, el funcionamiento del cerebro es espectacular, dado que es un órgano moldeable que constantemente crea nuevas conexiones neuronales. Para crear cada una de estas conexiones neuronales, es necesario agregar nueva información y nuevos hábitos. Pero ¿qué va a pasar con toda la información que te ha acompañado a lo largo de tu vida, me refiero en concreto a las creencias limitantes y miedos? Por desgracia, no existe un botón de borrado; sin embargo, que estés constantemente aprendiendo y buscando más información sobre los temas que te llaman la atención e incorporándola a tu vida ayudará a quitarle poder a todo el material del pasado mientras todo lo nuevo irá tomando fuerza y transformará tu percepción. Crearás una nueva manera de vivir tu vida. Solo te sugiero que agregues todo lo que esté en sintonía contigo, lo que te genere amor, paz, tranquilidad, crecimiento y salud emocional y física.

HÁBLATE BONITO

Tu diálogo interno es el discurso que tienes contigo misma a lo largo del día. Me gustaría que te imaginaras que el diálogo interno es una amiga que te acompaña en todas tus experiencias, la cual te da una retroalimentación de todo lo que estás viviendo.

Pongamos un ejemplo. Vamos a pensar que te toca vivir una situación complicada en la cual experimentas frustración y enojo. ¿Cómo te gustaría que reaccionara tu amiga? ¿De una forma intolerante, autoritaria, enojada, imparcial o estricta, o bien te gustaría que se mostrara compasiva, respetuosa, amorosa y permisiva? Me imagino que lo que deseas es sentirte acompañada, sentir que estás en un espacio seguro, donde te escuchan sin enjuiciarte. La calidad de esta amistad es de suma importancia para la salud mental y emocional porque de ella va a depender tu estado de ánimo. Charles Fernyhough, psicólogo de la Universidad de Durham, en el Reino Unido, explica en su libro *Las voces interiores* que el diálogo interno genera cerca de cuatro mil palabras por minuto. Es decir, trabaja diez veces más rápido que el habla verbal, por eso es necesario tomar conciencia de él y revisar su calidad.

SE HA COMPROBADO CIENTÍFICAMENTE QUE UN DIÁLOGO INTERNO NEGATIVO NOS HACE MÁS VULNERABLES A DESARROLLAR BAJA AUTOESTIMA, DEPRESIÓN Y ANSIEDAD.

Por el contrario, un diálogo interno saludable ayuda a tener una mejor gestión de las emociones, lo que proporciona una reducción en los malestares emocionales. También aporta bienestar físico y psicológico; por lo tanto, una mejora en la calidad de tu vida.

Por consiguiente, la propuesta aquí es la siguiente:

Si estás viviendo una experiencia complicada, sé compasiva contigo; lo que menos necesitas es autocriticarte. Regálate un autoabrazo o pon tus manos sobre tu corazón. Escribe lo que sientes, háblate con amor, pero sobre todo recuerda que los pensamientos que estás teniendo en ese momento no te definen. Sé tu mejor amiga, escúchate con apertura y amor.

AMARNOS ES UN ACTO REVOLUCIONARIO

Grandes cosas suceden cuando decidimos
darnos el permiso de vivir la plenitud
a nuestro propio ritmo.

AIRAM TORIBIO

En este capítulo no pretendo decirte cómo tienes que amarte, eso no me corresponde decidirlo a mí ni a nadie, solo a ti, porque es tu vida y tú eres la única que sabe cuáles son los miedos que tienes que liberar, las creencias que tienes que transformar, los cuidados que necesitas y los cambios que tienes que hacer. El amor propio es una experiencia única y personal que nos invita a mirar hacia dentro y también a tener en cuenta todos los factores externos que contribuyen a la gestación del mismo. Y ya lo he dicho, amarnos es un acto revolucionario. Convertirnos en nuestra prioridad es un acto revolucionario. Escuchar nuestra intuición es un acto revolucionario. Conectar con la bruja sabia que vive en nosotras es un acto revolucionario. Es tu propia revolución: vívela, aprende de ella y compártela con otras mujeres. Recuerda que no estás sola en este proceso. Sobre todo regresa a ti. No importa la edad que tengas ni tu historia de vida, simplemente regresa a ti tantas veces como sean necesarias. Habítate, reconócete. Descubre todo lo que hay en tu interior, porque justo ahí es donde se encuentran todas las respuestas que has estado buscando fuera.

AMOR PROPIO

El amor propio es un conjunto de experiencias subjetivas que cada persona experimenta, en el que intervienen los pensamientos, el autocuidado, el autorreconocimiento, la validación, las creencias acerca de una misma y las interpretaciones que elaboramos sobre los acontecimientos que experimentamos en la vida. Es el respeto que nos tenemos, es cuidar de nuestro yo, es defender nuestra libertad.

EL AMOR PROPIO COMIENZA A CONSTRUIRSE EN LA INFANCIA. MEDIANTE LA INTERACCIÓN E INFORMACIÓN QUE NUESTROS PADRES NOS BRINDAN EMPEZAMOS A CREAR HÁBITOS Y CREENCIAS DE SUMA IMPORTANCIA PARA EL DESARROLLO DEL MISMO.

Hay que considerar que es necesario que se cubran las necesidades básicas en esa etapa de nuestra vida, las cuales nos ayudarán como soporte en la vida adulta; por ejemplo, es imprescindible sentirnos seguras, amadas, aceptadas, escuchadas, tener vínculos afectivos sanos, tener el reconocimiento y aprobación de las personas adultas... Desafortunadamente, la mayoría de las veces esa base no se logra gestar en la infancia porque recibimos todo lo contrario: una crítica constante hacia nuestro aspecto físico, capacidades intelectuales o comportamiento, nos enseñan a competir con otras niñas, a reprimir nuestras emociones y, en algunos casos, experimentamos abandono, tristeza y miedo. Y todo ello hace que desarrollemos una serie de inseguridades, dejándonos una gran tarea para la vida adulta.

CULTIVAR EL AMOR PROPIO EN ESTE TIEMPO ES UNA TAREA SUMAMENTE COMPLEJA Y MÁS PARA LAS MUJERES, YA QUE EN TODAS PARTES RECIBIMOS INFORMACIÓN DE CÓMO NOS TENEMOS QUE AMAR Y AL MISMO TIEMPO SEGUIMOS VIVIENDO EN UN SISTEMA PATRIARCAL Y CAPITALISTA, QUE NOS SIGUE COSIFICANDO Y VIENDO COMO OBJETOS SEXUALES.

Desde la niñez se nos enseña a estar al servicio de los demás, y en el transcurso de nuestro desarrollo comenzamos a relacionarnos con los estándares de belleza, que hacen que nos sintamos insatisfechas y divididas y que busquemos constantemente una «perfección» creada por estos estereotipos, haciéndonos creer que con dinero y sacrificio lograremos alcanzarlos y que será entonces cuando nos sintamos amadas y aceptadas por la sociedad.

A GRAN PARTE DE LA HUMANIDAD SE LE OLVIDA QUE EL AMOR ES UN DERECHO HUMANO, TODOS TENEMOS DERECHO DE SENTIR AMOR Y RECIBIR AMOR.

Sin embargo, a muchas mujeres nos va a tocar reaprender a amarnos y comprender que el amor propio no solamente se trata de decirnos a nosotras mismas «te amo» frente al espejo. Amarnos significa perdonarnos. Aceptar todo lo que forma parte de nuestra vida. Ser responsables. Tomar conciencia de nuestros recursos. Soltar lo que ya ha cumplido su ciclo. Crear o modificar hábitos. Tomar decisiones complejas. Aprender a decir no. Sanar las heridas del pasado. Sostener conversaciones incómodas. Soltar el control. Entender que no tenemos todas las respuestas. Llorar. Expresar nuestras emociones. Abrazar nuestra vulnerabilidad. Cometer errores. Enfrentar nuestros miedos. Vivir nuestros duelos. Abrazarnos en los momentos complicados. Conocer nuestra sombra. Cuidarnos. Crear una conciencia personal.

DEDICARNOS TIEMPO. HABITARNOS. SER NUESTRO HOGAR, UN ESPACIO SEGURO DONDE PODAMOS ESTAR EN SILENCIO. CREAR UNA AUTOIDENTIDAD. SER EL CENTRO DE NUESTRA VIDA.

Actualmente, la mercadotecnia y las redes sociales desempeñan un papel relevante en este tema. Según un estudio de Global Web Index para el segundo trimestre de 2022, los usuarios a nivel global pasan al día seis horas y cuarenta y tres minutos en línea con sus ordenadores, teléfonos móviles o tabletas. Constantemente recibimos mensajes que nos venden soluciones fáciles y prácticas para mejorar nuestro amor propio. Estos mensajes nos invitan a cambiar los hábitos, la imagen, las actitudes, el rendimiento, el comportamiento, el estilo de vida, etc. De una manera muy sutil, internalizamos esta información y reforzamos las siguientes creencias limitantes: «Algo está mal en mí», «Me hace falta algo», «Mi felicidad no va a llegar hasta que no consiga ese tipo de cuerpo», «No tendré éxito hasta que no me vea así», «Necesito adelgazar», «Envejecer está prohibido». Toda esta información nos ha hecho creer que el amor propio es una experiencia intrínseca basada en la voluntad de cada persona, haciéndonos entender que si una mujer no cuida su aspecto físico es porque le falta voluntad. Si llora o expresa sus emociones es porque es débil. Y hacernos creer eso es muy grave porque dejan a un lado factores de suma importancia para la gestación del amor propio como, por ejemplo, el nivel socioeconómico, la condición cultural, el sistema familiar, la personalidad y la religión.

TE HAS PUESTO A PENSAR
QUÉ PASARÍA SI...

◆ Me doy la oportunidad de volver a empezar.

◆ Me acompaño amorosamente cuando tengo miedo.

◆ Dejo de querer controlar la vida de los demás.

◆ Me convierto en mi prioridad.

◆ Comienzo a vivir mi propia historia de vida y no la que me dijo mi familia o la sociedad.

◆ Rescato y lleno de amor a mi niña interior.

◆ Abrazo con respeto mi vulnerabilidad.

◆ Miro con compasión mi pasado.

◆ Observo con atención y conozco cada uno de mis miedos.

◆ Comienzo a confiar en mi proceso de vida.

◆ Me conecto con mi intuición.

◆ Me permito soltar las expectativas de los demás.

◆ Empiezo a escucharme.

◆ Dejo de postergarme.

◆ Vivo mis duelos.

◆ Dejo de pelearme con mi cuerpo.

◆ Dejo de compararme.

◆ Me permito envejecer con amor.

REGRESA A TI

Querida bruja, querida mujer:

Regresa a ti cada vez que te sientas perdida.
Cuando te sientas débil.
Cuando necesites un fuerte abrazo lleno de amor,
regresa ti.
Tú eres tu hogar.
Tu refugio.
Tu mejor amiga.
Solamente tú sabes qué necesitas en este momento para
recuperarte y, si no lo sabes, no pasa nada, también
está permitido no saberlo.
Recuerda que eres un ser completo.
Eres luz.
Eres amor.
Eres todas las posibilidades.
Eres energía.
Eres vida.
Recuerda que siempre te tienes a ti, en las buenas y en
las malas.
¿Por qué es importante regresar a ti y comenzar a

construir una relación sana contigo misma? Aunque el principio de este viaje llamado amor propio puede ser complejo e incómodo por todo lo que se ha construido a través de los años, en el transcurso te irás dando cuenta de que la vida se vuelve más ligera, porque comienzas a soltar los debería, los tengo, la imagen perfecta, los miedos y las limitaciones, y te liberas de absolutamente todo lo que ya no deseas seguir cargando en tu vida. Esto abre la oportunidad de que te rencuentres con tu esencia; de que establezcas un territorio elegido por ti con plena conciencia; de que te conectes con tu cuerpo desde el amor y el respeto y reconozcas y aprendas con cada una de las emociones que experimentas en tu andar por esta vida; de que te rencuentres con tu intuición, que está ahí para guiarte con respeto; de que hables y actúes en nombre propio; de que seas el centro de tu vida; de que sientas la libertad de ser quien te dé la gana de ser... Y, por todo esto y muchas más cosas, es necesario e importante que regreses a ti y que jamás te abandones. **"**

Ve a tu espacio sagrado y lleva contigo un espejo. Colócate en una posición en la cual tu cuerpo esté relajado, sin ninguna tensión. Pon el espejo enfrente de ti, de manera que puedas observar tu rostro, y coloca las manos sobre tu pecho. Ahora céntrate en sentir el movimiento que hace tu pecho cada vez que inhalas y exhalas mientras te miras en el espejo. Quédate así unos minutos, sintiendo el movimiento de tu pecho y mirándote. Conecta con tu presente, conecta contigo, conecta con tu sabiduría, conecta con cada una de las partes que forman parte de tu ser. Por último, vas a darte un fuerte abrazo lleno de amor.

Te invito a que escribas tu sentir al realizar este ejercicio. Si descubriste algo nuevo, algo relevante, anótalo.

RECONSTRUCCIÓN
(AUTOCONOCIMIENTO)

Quizá será necesario que te rompas para volver a reconstruirte, para conocer cada una de las partes que te conforman. Quizá será necesario que salgan a la luz pactos, paradigmas y creencias que han habitado en ti. Tomará tiempo. Dolerá, porque la reconstrucción no es un proceso sencillo, son necesarios silencios y espacios. En ocasiones te sentirás perdida, desorientada, asombrada por todo lo que está surgiendo en tu mundo interior.

DESCUBRIRÁS EL GRAN TESORO QUE HABITA EN TUS ENTRAÑAS. LO CONOCERÁS. LO ABRAZARÁS. Y LO CUIDARÁS. POCO A POCO, LLEGARÁ EL ENTENDIMIENTO JUNTO CON EL ALIVIO. TE SENTIRÁS MÁS LIGERA. MÁS LIBRE. MÁS TÚ.

Gran parte del trabajo que se realiza enfocado en el amor propio se lleva a cabo de manera individual. Mediante este proceso reflexivo logramos tener noción de nuestras cualidades, fortalezas, debilidades, talentos, valores, metas y características en general. Por eso conocernos es sumamente esencial, además de ser la base que sostiene la gestión adecuada de nuestras emociones. También nos conectará con nuestra autonomía e independencia, la cual nos llevará al camino de la libertad, donde con plena consciencia podemos elegir una vida a nuestro favor. Convirtiéndonos en nuestra prioridad y dejando a un lado los mandatos sociales que nos indican los «deber ser», lo cual en muchas ocasiones obstruye nuestro proceso, creando un concepto bastante alejado de lo que realmente somos, puesto que su construcción se basa en la mirada y opinión de los otros. Por lo tanto, en esta ocasión quiero invitarte a que te des la oportunidad de conocerte, pero ahora con tu propia mirada, teniendo en cuenta tu experiencia de vida desde la individualidad.

SIÉNTETE LIBRE DE TOMARTE TODO EL TIEMPO NECESARIO PARA REFLEXIONAR Y CONTESTAR LAS SIGUIENTES PREGUNTAS. TE BRINDARÁN UNA GUÍA EN ESTE PROCESO DE AUTOCONOCIMIENTO.

- ❖ ¿Quién eres?
- ❖ ¿Qué concepto tienes de ti?
- ❖ ¿Conoces tus necesidades más urgentes?
- ❖ Menciona tres virtudes que formen parte de ti.
- ❖ ¿Qué es lo que menos te gusta de ti? ¿Por qué?
- ❖ Menciona tres enseñanzas importantes que has aprendido en tu experiencia de vida.
- ❖ ¿Cuál es tu recuerdo más preciado?
- ❖ ¿Cuál es tu recuerdo más triste?
- ❖ ¿Qué es lo que más admiras de ti?
- ❖ ¿Dónde radica tu felicidad?
- ❖ ¿Cuáles son los recursos con que cuentas en este momento?
- ❖ ¿En qué consiste tu confianza?
- ❖ ¿Qué es lo que más valoras de ti?
- ❖ ¿Qué es lo que te hace sentir vulnerable?
- ❖ ¿Cuál es la calidad de la relación que tienes con tu cuerpo?
- ❖ ¿Qué es lo que más te enoja en esta vida?
- ❖ ¿Practicas la empatía contigo misma?
- ❖ ¿Cuidas tu salud mental y emocional?

RIÉGATE DE AMOR PROPIO Y VERÁS QUÉ BONITO FLORECES (AUTOCUIDADO)

Acompáñate, pero no solo en los días llenos de brillo y alegría, sino también en los días grises en los que te sientes sola y triste. **Sé amable** con el proceso que estás viviendo, con las emociones y los pensamientos que te acompañan en esta experiencia. **Escúchate**, no te reprimas, háblalo, sácalo, permite que se expresen todos tus silencios, tus ausencias, tus heridas. **Perdónate** por todas las veces que te juzgaste y abandonaste, por dudar de ti. **Vive** una vida a favor de ti misma, donde puedas seguir fortaleciendo tu salud física, mental y espiritual. **Crea** conexiones con las que te sientas escuchada, amada y acompañada. **Cuídate**, sé esa persona especial que te gustaría tener a tu lado toda tu vida.

PARA MUCHAS MUJERES, TENER UN MOMENTO DE DESCANSO, UN ESPACIO PARA REFLEXIONAR, ESTAR A SOLAS Y SALIR DE LA RUTINA ES UN ACTO DE IRRESPONSABILIDAD Y DE EGOÍSMO.

Se sigue teniendo arraigada y normalizada la creencia de que nosotras somos las indicadas para estar al servicio y cuidado de los demás, pasando nuestras necesidades a un segundo plano. Afortunadamente, cada vez somos más las mujeres que decidimos cuestionarnos estos mandatos sociales, que la mayoría de las veces han generado problemas en nuestra salud mental, emocional y física. La reivindicación del bienestar, el descanso, el placer y el disfrute debe tomarse como un derecho, no como un privilegio para unos pocos.

TODAS TENEMOS EL DERECHO DE CREAR PRÁCTICAS DE AUTOCUIDADO QUE FORTALEZCAN NUESTRO AMOR PROPIO.

Y para nuestro autocuidado es importante tomar en cuenta las siguientes cuatro áreas:

- **Física:** que todas las acciones dirigidas hacia nuestro cuerpo vayan acompañadas del respeto, el amor y la empatía.
- **Emocional:** hay que darles un espacio y un lugar a cada una de las emociones que vamos experimentando, y sobre todo debemos recordar que cada una de ellas siempre lleva un mensaje lleno de aprendizaje.
- **Mental:** actividades como la meditación y la lectura nos pueden ayudar a gestionar nuestro pensamiento de manera amorosa y consciente.
- **Social:** nuestros espacios y relaciones deben ser seguros, hemos de sentirnos respetadas, amadas y escuchadas. La empatía y la solidaridad deben formar parte de cualquier relación.

Lista de actividades que puedes comenzar a hacer para ejercer un autocuidado consciente y amoroso:

- Practica la meditación o la atención plena.
- Pasa tiempo en la naturaleza.
- Pasa tiempo a solas.
- Descansa.
- Registra diariamente tus emociones.
- Pasa tiempo de calidad con las personas que amas.
- Haz actividades donde puedas expresar tus emociones libremente: pintar, escribir, dibujar, tocar un instrumento, bailar, etc.
- Lee libros que te enriquezcan.
- Practica ejercicio físico.
- Acude periódicamente a tus revisiones médicas.
- Asiste a terapia psicológica.
- Comparte tiempo con otras mujeres.
- Deja de relacionarte con personas que te hagan sentir inferior, invaliden tus emociones, te griten, te chantajeen emocionalmente.

COMPROMÉTETE CONTIGO MISMA

Muchas personas al empezar un año nuevo creamos una lista de propósitos. Es un momento del año en el que nos sentimos motivadas para hacer cambios e introducir nuevos hábitos para mejorar nuestra salud física, emocional y mental. Nos sentimos entusiasmadas y queremos seguir trabajando en nosotras y llevar a cabo todos los cambios que deseamos. Pero ¿realmente nos comprometemos o solo nos dejamos llevar por el marketing que siempre acompaña al año nuevo? Vamos a reflexionar un poco.

¿CUÁLES FUERON NUESTROS PROPÓSITOS PARA EL AÑO QUE ACABA DE TERMINAR? ¿LOGRAMOS ALGUNO DE ELLOS? ES PROBABLE QUE YA NI LOS RECORDEMOS. NOS RESULTA MUY SENCILLO DEJARLOS A UN LADO, Y ESTO AFECTA DIRECTAMENTE A NUESTRO AUTOCUIDADO, CREAMOS EXCUSAS COMO «NO TENGO TIEMPO» O «TENGO MUCHO TRABAJO».

El compromiso con nosotras mismas es una de las tareas más complejas en el proceso de amor propio, porque comprometernos implica:

- Tener una lista de no negociables. Estos no negociables son hábitos o acciones que elegimos conscientemente porque sabemos los beneficios que nos pueden aportar si los integramos en nuestra vida.
- Dejar de esperar que sea enero para planificar los cambios que queremos hacer.
- Dar un sentido a cada una de las acciones que queremos agregar en nuestra vida.
- Reconocer la grandeza que existe en cada una de nosotras.
- Tratarnos con respeto y amor.
- Elegirnos conscientemente todos los días.

Al comprometernos con nosotras mismas, nos daremos cuenta de que todos los días tenemos la oportunidad de dar un paso más hacia lo que queremos lograr.

Y TAMBIÉN SEGUIREMOS CULTIVANDO EL AMOR PROPIO Y EL AUTORRECONOCIMIENTO, Y TENDREMOS CONTACTO CON NUESTRA NIÑA INTERIOR, NUESTRA INTUICIÓN Y NUESTRA SABIDURÍA.

AUTORRECONOCIMIENTO

Me niego a vivir en el mundo ordinario como una mujer ordinaria. A establecer relaciones ordinarias. Necesito el éxtasis. Soy una neurótica, en el sentido de que vivo en mi mundo. No me adapto al mundo, me adapto a mí misma.

ANAÏS NIN

Dedícate unos minutos y ve a un lugar donde haya un espejo de cuerpo completo. Obsérvate detalladamente. Mira tus pies, la forma de tus piernas, tu cadera, tu vientre, tu pecho, tus brazos, tu cuello, tu cara, tu nariz, tu cutis, tus ojos, cada una de las líneas de expresión y, por último, tu cabello. Observa todo lo que constituye tu cuerpo.

**RECONOCE LA GRAN MUJER QUE ERES,
TU VALENTÍA Y TU ENTREGA.
RECONOCE TU HISTORIA DE VIDA, LA CUAL
SE REFLEJA EN TU MIRADA.
RECONOCE TODAS LAS EXPERIENCIAS QUE
TE HA BRINDADO TU CUERPO.**

Reconócete con voz propia: «He hecho un buen trabajo», «Lo estoy logrando», «Qué valiente fui aquel día», «Qué hermosa me veo», «Soy maravillosa», «Soy un ser completo», «He sido muy fuerte…».

«ME ACEPTO, ME RECONOZCO Y ME AMO SIN NINGUNA CONDICIÓN» ES UNA AFIRMACIÓN QUE DEBERÍA ACOMPAÑARNOS TODOS LOS DÍAS DE NUESTRA VIDA.

Reconocernos es un acto de amor propio, es ir quitando cada una de las capas que se han ido creando con el paso del tiempo. Es observarnos con una mirada compasiva y empática. Es dirigir nuestro tiempo y energía en nosotras mismas. En cambio, estamos muy acostumbradas a enfocar nuestra atención en todo lo que nos hace falta y en lo que no nos agrada de nuestra vida o de nuestro cuerpo. Y en muchas ocasiones normalizamos sentirnos imperfectas, carentes, insatisfechas y no merecedoras de recibir todo lo que la vida tiene para nosotras, olvidándonos de nuestras fortalezas, habilidades y aprendizajes, que también forman parte de nosotras, aunque muy raras veces las reconozcamos.

AUTORRETRATO POR ESCRITO

A través de la escritura podemos expresar y reconocer quiénes somos. El amor propio se encuentra en el lenguaje, en los pensamientos y en las acciones; por lo tanto, es importante cada palabra que utilizamos para describir nuestra autoidentidad y amor propio.

Anteriormente escribiste sobre tu autobiografía y describiste los momentos más importantes que has vivido. En esta ocasión quiero que te centres en la mujer actual, en las fortalezas que te acompañan en este presente. Hazlo desde tu perspectiva y con voz propia. Céntrate en ti, y no en lo que te han dicho los demás. Para escribir este autorretrato, te puedes apoyar en una fotografía tuya actual, colócala en un lugar donde la puedas observar detenidamente y describe todo lo que ves y lo que sientes. Reflexiona sobre cada una de las áreas de tu vida (amor, pareja, espiritualidad, profesión, dinero y familia). Al terminar puedes leerlo en voz alta.

Que tu niña interior se sienta orgullosa de la gran bruja sabia en la que te has convertido.

Es ella quien está asustada. Es ella quien sufre. Es ella quien no sabe qué hacer. Ocúpate de tu niña. Abrázala y ámala y haz todo lo que puedas por satisfacer sus necesidades. No olvides hacerle saber que, suceda lo que suceda, tú estarás siempre a su lado. Nunca le volverás la espalda ni te escaparás de ella. Siempre amarás a esa niña.

LOUISE HAY

No importa la edad que tengas, en tu interior hay una pequeña que te acompaña. Ella reacciona contigo en cada experiencia que vives. Esta niña quizá se siente alegre, llena de amor y tranquila, o puede que sea todo lo contrario, que esté angustiada, abandonada, triste y enojada. Así es, estamos hablando de tu niña interior. La niña interior es parte de nuestra psique, ella nos conecta con nuestra vulnerabilidad; la parte más sensible de nuestro yo. Contiene el registro de nuestras necesidades satisfechas e insatisfechas, también de las emociones infantiles reprimidas y los recuerdos que se van construyendo a partir de las primeras experiencias de vida, ya sean positivos o negativos. Dependiendo de cada una de estas experiencias, vamos interiorizando y creando a nuestra niña interior.

John Bradshaw, en sus obras dedicadas a sanar a la niña interior, menciona que cuando llegamos a la edad adulta en nuestra memoria llevamos veinticinco mil horas de cintas grabadas con la voz de nuestros padres. Aquí es importante reflexionar sobre la calidad de esas cintas grabadas. ¿Cuántas veces nos dijeron que éramos hermosas e inteligentes? ¿Cuántas veces expresaron su amor hacia nosotras? ¿Qué recuerdos tenemos de nuestra infancia? ¿Son recuerdos agradables o tristes? Conectar con nuestra niña interior es un camino de autodescubrimiento, porque regresamos al pasado, no para sufrir o buscar culpables, sino para sanar y comprender, para reconocer las heridas que se crearon en esa etapa de nuestra vida y darles un lugar y un espacio, pero sobre todo para sanar.

CONECTA

- Busca una foto de cuando eras niña, colócala en un lugar donde puedas verla a diario.
- Habla con ella, cuéntale tu vida, lo último que has hecho.
- Recuérdale constantemente, mediante afirmaciones, que es un ser valioso y único.

ESCÚCHALA

● Cada vez que te sientes abandonada, frustrada, triste y angustiada, recuerda que es tu niña interior la que se está manifestando en ti, la que te está pidiendo que le hagas caso. Y ahora que tú eres la adulta, será necesario que atiendas sus necesidades.

● Recuerda que cada una de estas emociones llega a tu vida para darte un aprendizaje, pero es importante que te dediques el tiempo necesario para reflexionar sobre por qué y para qué te estás sintiendo de esta manera.

Las siguientes preguntas te pueden ayudar a conectar con tu niña interior, pero sobre todo a conocerla un poco más. Sé flexible. Si no recuerdas algún detalle o te resulta difícil contestar alguna pregunta, no pasa nada.

◆ ¿De niña, te sentiste amada por tus padres?

◆ ¿Podías demostrar tu afecto o, por el contrario, creciste en un ambiente inflexible y controlador?

◆ ¿Te sentiste protegida por tus padres?

◆ ¿Te sentiste abandonada por alguno de tus padres?

◆ ¿Cuál fue el evento más complicado que te tocó vivir de niña?

◆ ¿Cómo lo viviste?

◆ Si pudieras darle tres regalos a tu niña interior, ¿cuáles serían?

MATERNARSE.
YO SOY MI PROPIO
HOGAR

- **Maternarnos es:** Vincularnos con nosotras mismas con conciencia y amor. Con el tiempo vamos interiorizando el rechazo, el abandono, el desamor, el desamparo, la falta de valor, la falta de confianza, entre otras heridas que se siguen manifestando en la vida adulta.
- **Maternarnos es:** Hacernos cargo de estas heridas, para no exigirle a los demás (mamá, papá, pareja, amistades, hijos o hijas) que nos reconforten o se hagan cargo de nuestro malestar.
- **Maternarnos es:** Crear una relación sólida, en la que existe el respeto, la escucha activa, la empatía, la compasión y la responsabilidad. Es dejar de culpabilizar a los otros.
- **Maternarnos es:** Ir hacia dentro, es hacer contacto con nuestras emociones y pensamientos, pero sobre todo con nuestra niña interior. Es darle a esa niña interior todos los cuidados que necesita para sentirse feliz y tranquila.
- **Maternarnos es:** Crear un diálogo interno reconfortante que nos brinde salud mental y emocional.
- **Maternarnos es:** Crear rutinas que fomenten el autocuidado y el amor propio.

- ⊕ **Maternarnos es:** Ser esa persona adulta que nos hubiera gustado tener cuando éramos niñas.
- ⊕ **Maternarnos es:** Crear límites sanos con las personas con las que interactuamos.

Maternarse es un verdadero arte que vamos construyendo todos los días, con amor, paciencia, flexibilidad y perseverancia. Hacernos responsables de nosotras mismas nos ayudará a fortalecer nuestra autoestima, autoconocimiento, autoconcepto y autorreconocimiento.

SÉ LEAL A TI MISMA

Confía en ti, en las decisiones que has tomado y los cambios que has estado haciendo. La única persona que sabe qué es lo que realmente necesitas eres tú. La única persona con la cual puedes contar en cualquier momento eres tú. La única persona en la cual puedes confiar con los ojos cerrados eres tú. La única persona que se puede hacer cargo de tus necesidades eres tú. No permitas que los demás opinen sobre tu proceso ni sobre tu manera de vivirlo. Cuídalo y cuídate. Sé leal a ti, a tus ideas, valores y principios, y a todo lo que forma parte de tu ser. Cuida tu libertad, no se la des a nadie; es un gran tesoro que solamente te pertenece a ti. Sé leal a ti misma, comprométete contigo misma, escúchate, abrázate, y no permitas que nada ni nadie te manipule. No caigas en la trampa de obedecer los mandatos sociales o a los demás para pertenecer a una familia, a un grupo, a un sistema... Recuerda que existen personas como tú, que están dispuestas a compartir su tiempo, su sabiduría y su energía contigo, con las que te puedes sentir libre, amada y escuchada. Sé leal a ti, y no solo hoy, no solo mañana, sino todos los días de tu vida.

◆ E J E R C I C I O ◆

RECONOCIMIENTO

¿Cuál es tu historia con tu mamá? Describe la relación que tienes y que tenías con tu madre, cómo la percibías cuando eras niña y cuando eras adolescente y cómo la ves ahora que eres una persona adulta.

¿Cuál es tu historia con tu papá? Describe la relación que tienes y que tenías con tu padre, cómo lo percibías cuando eras niña y cuando eras adolescente y cómo lo ves ahora que eres una persona adulta.

IDENTIFICACIÓN

◆ ¿Qué es lo que más me duele de mi historia con mamá?

◆ ¿Qué es lo que más me duele de mi historia con papá?

RESIGNIFICACIÓN

Desde la sabiduría y la conciencia que hay en este momento en tu vida, ¿qué sentido le otorgarías a cada una de las heridas que se gestaron en tu pasado? ¿Qué aprendizaje te deja tu historia de vida?

CUIDADOS

Desde el amor, conciencia y compasión, reflexiona sobre qué acciones puedes agregar a tu vida, que dependan de ti, para sanar.

EL CAMINO ESPIRITUAL

Si somos seres espirituales que seguimos un camino humano en lugar de seres humanos que seguimos un camino espiritual, lo cual intuitivamente creo que es cierto, entonces la vida no solo es un viaje, sino también una búsqueda o peregrinación.

JEAN SHINODA BOLEN

Durante años nos han hecho creer que ser espiritual es pertenecer y ser fiel a un conjunto de reglas y acciones dirigidas por una organización o tradición particular de fe. Sin embargo, la espiritualidad va más allá de lo religioso, porque es ir hacia dentro. Atravesar territorios oscuros. Reconocer la herida y darle un sentido. Afrontar la realidad sin sedantes, porque en esta peregrinación es importante saber dónde duele para descubrir cuál es la medicina.

LA ESPIRITUALIDAD VA MÁS ALLÁ DE LOS DOGMAS Y CREDOS. ES ABRAZAR NUESTRA HUMANIDAD Y UNIVERSALIDAD. ES UNA TOMA DE AUTOCONCIENCIA.

Es descubrir que no habita en un sistema de creencias o prácticas externas, sino que surge a diario, en cada experiencia a la cual le otorgamos un significado en nuestra vida. Es un sendero de autoconocimiento en el que encontraremos preguntas trascendentales. Es hallar la paz, la plenitud, el sentido de la vida. Esto hace que sea intrínseca y única. La espiritualidad es un agente de cambio, reflexión y conexión con una fuerza superior donde habita el amor, el respeto hacia la naturaleza y la humanidad. Para practicar la espiritualidad no es obligatorio ningún ritual ni seguir una doctrina o una religión. Tampoco llegar al tan anhelado nirvana. No tenemos que levantarnos a las cinco de la mañana para meditar o practicar yoga. No es mantenernos todo el tiempo positivas ante la vida.

LA ESPIRITUALIDAD SE PUEDE VIVIR A CADA INSTANTE, SOLAMENTE ES NECESARIO QUE TE CONECTES, EN EL AQUÍ Y AHORA, AL AMOR, A LA COMPASIÓN, A LA SABIDURÍA, A LA GRATITUD...

BRUJA, DESPIERTA

Una bruja sabe cuándo es el momento de abrir los ojos para comenzar su camino espiritual. Poco a poco empieza a dar sus primeros pasos con amor y compasión.

No solo somos un cuerpo en el cual hay pensamientos y emociones, somos lo que observamos y el sentido que le damos a cada una de nuestras experiencias. Desde hace años se ha puesto de moda el despertar espiritual. En redes sociales observamos a muchas personas compartiendo su experiencia; sin embargo, seguimos teniendo dudas sobre lo que es, cómo se inicia y cuáles son los temas personales a los que nos enfrentamos cuando decidimos iniciar este proceso. En este capítulo me gustaría despejar esas dudas, pero antes quiero compartirte lo que no es la espiritualidad: no es un estado de perfección ni de iluminación, ni una meta para el futuro, tampoco está hecha solo para algunas personas.

NO ES NECESARIO IR A UN RETIRO, TAMPOCO ES UNA COMPETENCIA PARA VER QUIÉN LA LOGRA ANTES, NO OCURRE FUERA DEL CUERPO.

No necesitamos un gurú o un líder para que nos guíe. No tenemos que estar todo el tiempo felices y positivas ante la vida. El despertar espiritual es una invitación constante para vivir el presente. Para estar conectadas con todo lo que surge en nuestro interior en cada experiencia que vivimos. Es abrazarnos, reconocer la luz y la sombra que habita en cada una de nosotras. Es comprender que estamos en constante transformación, lo cual nos hace vulnerables y con la probabilidad de fallar, y ¡está bien! Es comprender y entender todos los condicionamientos a los cuales hemos estado sometidas durante años. Es dejar de ser esclavas de nuestra mente. Es volver a la esencia, alma y espíritu. Es transitar este camino con los ojos abiertos, para observar todo lo que forma parte de él. Es comprender lo que surge en nuestro interior cada vez que damos un paso más, nos paramos o nos perdemos en el camino. El despertar es continuo, y en muchas ocasiones es incómodo, porque para seguir avanzando nos tocará soltar: personas, creencias, hábitos, miedos, culpas…

EL DESPERTAR ES DEJAR DE PONER RESISTENCIA A LA VIDA Y COMENZAR A FLUIR CON CONFIANZA Y AMOR CON ELLA, ES PERMITIRNOS SER LO QUE SOMOS. Y JUSTO EN ESTA SIMPLEZA ES DONDE NACE LA COMPLEJIDAD.

CLAVES DEL DESPERTAR ESPIRITUAL

No puedo hacer nada por ti, excepto trabajar en mí... Tú no puedes hacer nada por mí, más que trabajar en ti.

RAM DASS

Cuando nos adentramos en el proceso espiritual, paulatinamente vamos tomando conciencia de varios temas, los cuales son de suma importancia para el desarrollo del mismo. Los cambios comienzan a surgir, la percepción se modifica, la interacción con nosotras y con los demás da un giro inesperado, se abre un mundo de posibilidades infinitas; todo se comienza a transformar y a tener un sentido.

ANTES DE INICIAR

Recuerda que este camino es único, porque es tuyo y tú lo vas a ir creando con las decisiones que vayas tomando durante tu proceso. Siéntete con la libertad de vivirlo a tu manera y a tu ritmo. Y con amor y respeto te doy las siguientes sugerencias: abraza tu proceso, no te compares, no te presiones, no dudes de ti, ten compasión de tu historia de vida y, si necesitas una guía, búscala.

RECONOCIENDO LA SOMBRA

Una bruja sabe que su luz proviene de su oscuridad, no le da miedo ir hacia ella porque, a través de la sombra, se reconoce y se sana.

Se dice que a lo largo de nuestra vida vamos construyendo una cara, la cual utilizamos para mostrarnos al mundo. Esta cara está constituida de todo lo que creemos que es aceptable para la sociedad. Sin embargo, también existe otra cara que muy pocas veces reconocemos, porque nos resulta incómoda conocerla, observarla y aprender de ella. En esta cara se encuentran nuestros miedos, culpas, vergüenzas, preocupaciones, limitaciones…, prácticamente todo lo que reprimimos. Carl Jung llamó a esta cara de nuestra personalidad «la sombra».

LA SOMBRA SE DESARROLLA DE MANERA NATURAL EN CADA SER HUMANO Y, JUSTO COMO DICE SU NOMBRE, REPRESENTA EL LADO OSCURO DE NUESTRA PERSONALIDAD.

Su desarrollo se inicia en la infancia, a partir de todas las experiencias y aprendizajes sociales, familiares y culturales. La sombra comienza a fortalecerse mediante la acumulación de cualidades, creencias y comportamientos que no se adecúan a una imagen ideal y aceptable socialmente. La manera en la cual la sombra se comienza a liberar y alimentar poco a poco es mediante la proyección en el otro a través de las críticas, juicios, comparaciones, evaluaciones, mentiras o justificaciones. Por eso todas las interacciones que tenemos son sagradas, porque gracias a ellas tenemos una oportunidad de aprender y reconocer aspectos de nuestra sombra.

LA SOMBRA ES UNA GRAN MAESTRA EN NUESTRA VIDA. EL OBJETIVO DE TRABAJARLA Y RECONOCERLA ES LOGRAR SU INTEGRACIÓN.

Lo cual implica devolver la luz a los aspectos de nuestro inconsciente, los cuales han estado ocultos y nos han generado un malestar emocional. Al integrarlos se crea una autoconciencia que nos aporta una percepción distinta de nuestro interior y exterior. También nos ayuda a mejorar nuestras relaciones interpersonales, gestionar adecuadamente nuestras emociones y comunicarnos de una manera asertiva con nosotras mismas y con los demás.

CLAVES PARA CONOCER TU SOMBRA

Tomando en cuenta que las sombras se comienzan a crear en la infancia, te invito a que reflexiones sobre las siguientes preguntas:

◆ En mi niñez, ¿me juzgaron por mis comportamientos y emociones?

◆ Desde mi perspectiva, ¿qué es lo que mis padres esperaban de mí?

Pon atención a los desencadenantes emocionales, porque son un recordatorio de que algo no anda bien. Los desencadenantes pueden ser frases, palabras, lugares o acciones que provocan una emoción, ya sea positiva o negativa. Si hay algo que te está molestando de alguien es porque de manera inconsciente estás reprimiendo esa parte en ti. Aquí es importante comprender que en muchas ocasiones esto no será literal. Te doy un ejemplo.

SI TE MOLESTA QUE LA GENTE SEA IMPUNTUAL, NO QUIERE DECIR QUE TÚ TAMBIÉN SEAS IMPUNTUAL. PROBABLEMENTE, LO QUE SE TIENE QUE TRABAJAR AQUÍ ES LA FLEXIBILIDAD Y LA TOLERANCIA.

Por eso es importante siempre analizar cómo te estás relacionando tú con ese aspecto que te está molestando de las otras personas y cuáles son las emociones que ello te provoca.

Mediante el análisis comprenderás un poco mejor lo que tu sombra te quiere decir. Las siguientes preguntas te pueden ayudar en tu proceso:

◆ ¿Quién fue o qué fue la fuente que activó mi malestar? ¿Por qué?
◆ ¿Cuáles son los pensamientos y las emociones que surgieron?
◆ ¿Qué recuerdos se activan?
◆ ¿Qué puedo aprender de esta situación?

La sombra es un pasaje, una puerta estrecha y no hay forma de bajar al pozo profundo sin sufrir el dolor del angostamiento que implica cruzarla.

CARL GUSTAV JUNG

SUGERENCIAS

- Desafortunadamente, uno de los errores más comunes que cometemos cuando iniciamos este proceso es juzgarnos. Evita estar ejerciendo un juicio constante en todos los aspectos que vas descubriendo de tu sombra. Reforzando este patrón, lo único que seguirás generando es un rechazo de tu verdadero yo.

- Lleva un diario en el cual de manera sistemática expreses tus emociones. Este método te permite ver con una perspectiva diferente las experiencias que vas viviendo en lo cotidiano.

- La meditación es una herramienta excelente que te puede ayudar a tomar conciencia de tus pensamientos, sentimientos y emociones. Dedicarte tiempo a ti para conectar con tu interior es fundamental.

- Y, por último, la psicoterapia es una de las herramientas clave para el reconocimiento y la integración de la sombra.

RECONOCIENDO AL EGO

E go significa 'yo'. Este concepto ha sido estudiado por la psicología y la filosofía occidental y oriental. Para algunos, en el ego se encuentra la conciencia, la identidad y la esencia del ser. Para otros, es solamente un constructor mental que contiene la imagen de uno mismo, y esta imagen nos sirve para defendernos y mostrarnos fuertes y valientes ante los demás.

LA PSICOLOGÍA EVOLUTIVA PLANTEA QUE TODOS NACEMOS SIN EL EGO, SU CREACIÓN SURGE MEDIANTE LA INTERACCIÓN DE NUESTRA IDENTIDAD CON TODA LA INFORMACIÓN QUE HAY EN EL MUNDO EXTERIOR.

En el budismo se considera que el ego es una percepción ilusoria que genera sufrimiento en las personas. En el cristianismo, el ego se asocia con el egoísmo y, a su vez, es visto como un pecado, porque se está anteponiendo el interés propio al de los demás. Para Eckhart Tolle, el ego es el falso ser, que se construyó a base de un condicionamiento personal y cultural, pero que realmente no nos representa. Para Ken Wilber, el ego no es más que un puñado de objetos mentales, un conjunto de ideas, de símbolos, de imágenes y de conceptos mentales con los que nos hemos identificado. Y, por último, Yehuda Berg nos dice que no hay enemigo ni obstáculo más grande que el ego, ya que se interpone en el camino de nuestra conexión con la luz, la fuente de toda la energía positiva.

INDEPENDIENTEMENTE DEL ENFOQUE, DE CÓMO LO QUERAMOS VER, EL EGO HA SIDO UNO DE LOS ANTAGONISTAS DE NUESTRA VIDA. SU FUNCIÓN ES MOSTRARNOS CONSTANTEMENTE LOS PUNTOS QUE DEBEMOS TRABAJAR Y AJUSTAR EN NUESTRA VIDA.

CARACTERÍSTICAS DEL EGO

LA QUEJA CONSTANTE

Una de las ocupaciones favoritas del ego es la queja. Todo resulta insatisfactorio y molesto. Nada ni nadie está a la altura de nuestras expectativas, y esto genera un gran enojo; por lo tanto, nos quejamos, de lo que sea, incluso de situaciones sencillas y cotidianas de la vida.

CADA QUEJA ES ALIMENTO PARA EL EGO, LO VAMOS HACIENDO MÁS FUERTE, PERO SOBRE TODO LE VAMOS DANDO LA RAZÓN Y EL CONTROL DE NUESTRA VIDA.

SIEMPRE QUIERE GANAR Y TENER LA RAZÓN

Cuando vivimos a través del ego, se crea una necesidad de querer tener la razón en todo momento. Si las personas no reaccionan de la manera que pensamos, si las situaciones no surgen como esperábamos, podemos experimentar frustración, impotencia, enojo y derrota, lo cual drena nuestra salud mental y emocional.

TODO LO TOMA COMO UN ATAQUE

Cualquier cosa que se sale de control, cualquier comentario hacia nuestra persona, puede resultar una experiencia sumamente desagradable si la vivimos a través del ego, porque la percibimos como un ataque directo hacia nosotras, y esto hace que perdamos objetividad de la situación, intensificando las emociones que surgen a través de la experiencia.

Al hacernos conscientes del ego y de cómo se va manifestando en nuestra vida, podemos tomar la decisión de si queremos responder a través de él o no, aparte de que podemos comprender cuándo surge, con quién surge y cuáles son las necesidades que se esconden a través de él.

El autor Wayne Walter Dyer nos invita a reflexionar sobre siete puntos importantes para trascender el ego:

- **No te sientas ofendida.** Recuerda que cada persona responde de acuerdo a su perspectiva, y esta perspectiva, como te he comentado, es totalmente única. Por lo tanto, tú no eres responsable de la manera en que las personas van reaccionando ante las circunstancias de la vida.
- **Libérate de la necesidad de ganar.** Crear divisiones es una constante del ego. Romper este patrón es necesario para trascender el ego. Recuerda que la vida no es una competición.
- **Libérate de la necesidad de tener la razón.** Al ego le gusta estar generando conflicto, le encanta tener la razón e imponerla a los demás. Recuerda que eres un ser único, y que nadie va a ver la vida como tú la estás viendo, pero todos merecemos respeto.
- **Libérate de la necesidad de ser superior.** Solamente tú sabes todo lo que te ha costado lograr avanzar en tu vida. La transformación es para ti y por ti, no para los demás.

RECUERDA QUE LA ÚNICA PERSONA QUE TIENES QUE SUPERAR ES A TU VERSIÓN DEL PASADO.

⊕ **Libérate de la necesidad de tener más.** El mantra favorito del ego es «¡Más!». Jamás es suficiente para él. Por mucho que logres, por más metas que conquistes, el ego te va a estar exigiendo más.

RECUERDA QUE LA FELICIDAD, LA TRANQUILIDAD Y LA PAZ NO SE ENCUENTRAN A UN LADO DE LAS COSAS MATERIALES, SE ENCUENTRAN EN TU INTERIOR.

⊕ **Libérate de la necesidad de identificarte con tus logros.** Lo que te define no es tu cuerpo ni los logros que has conquistado a lo largo de tu vida. Eres algo más que eso, y ha llegado el momento de que observes todo lo que eres, pero sobre todo de que agradezcas todo lo que has aprendido a lo largo de tu experiencia.

⊕ **Libérate de tu fama.** Lo importante es siempre comprender por qué quieres conectarte con los demás. Si te preocupas demasiado por la impresión que van a tener los demás de ti, el ego se fortalecerá.

Todo momento es una oportunidad para trabajar con nuestro ego y trascenderlo, solo es necesario ser conscientes de lo que estamos viviendo para poder responder de una manera distinta. Los puntos importantes en los cuales debemos poner mayor atención son los siguientes:

-  **Escucha activa:** la escucha activa es estar presente con plena conciencia, escuchando el mensaje que nos está transmitiendo la otra persona. En esta escucha debemos desprendernos del juicio para poder captar su mensaje.
- **Libertad de pensamiento:** todos y todas tenemos una forma única de percibir la vida; por lo tanto, nadie va a pensar ni a actuar de la misma manera que nosotros. Sin embargo, todas y todos tenemos el mismo valor como seres humanos, independientemente del sexo, la raza, el nivel socioeconómico o la cultura.

También es importante aceptar que formamos parte del mundo y del universo, pero que **el mundo no gira en torno a nosotros**; debemos ser flexibles, soltar el control, entender que las experiencias que nos tocan vivir tienen un significado trascendental en nuestra vida, que las personas jamás van a actuar como esperamos y que estamos en este mundo compartiendo y aprendiendo a cada instante.

LA GRATITUD

Una bruja da las gracias por estar y no estar, por tener y no tener. Agradece lo vivido, el presente y lo que vendrá.

Si algo está claro es que estamos en constante evolución gracias a las experiencias que vamos viviendo, ya sean agradables o desagradables. Vivir a través del agradecimiento nos invita a aceptar las cosas tal y como son, a observar detalladamente la situación que estamos experimentando para darle un orden y un sentido, porque justo ahí es donde se encuentra la sabiduría y el aprendizaje. La gratitud nos permite también vivir el presente, focalizando y valorando todo lo que hay en nuestra vida, nos lleva a la realidad, nos aleja de la expectativa de cómo deberían suceder las experiencias que nos tocan vivir. Esta práctica nos proporciona bienestar, ya que el hábito de agradecer nos ayuda a aumentar los neuroquímicos esenciales, como la dopamina, la oxitocina y la serotonina, los cuales tienen un efecto positivo en nuestra salud mental y emocional.

La gratitud abre la puerta al poder, a la sabiduría y a la creatividad del universo. Tú abres la puerta a través de la gratitud.

DEEPAK CHOPRA

PAUTAS QUE DEBEMOS CONSIDERAR PARA CREAR EL HÁBITO DE LA GRATITUD

CONCIENCIA

¿Por qué me siento agradecida hoy? Para contestar esta pregunta, es necesario que estés presente en el aquí y ahora. Observando todo lo que ocurre a tu alrededor y cómo vas percibiendo cada una de las situaciones que vives.

AMPLÍA TU MIRADA

Antes de irte a dormir, date unos minutos para reflexionar sobre todo lo que has vivido hoy, escribe cuáles fueron las emociones que más experimentaste y menciona tres hábitos o acciones tuyas que no cambiarías en este momento, porque así, tal y como están, te sientes satisfecha y agradecida.

DALE VOZ A LA GRATITUD

Pon en palabras todo aquello por lo que estás agradecida. Te invito a que generes el hábito de darte las gracias en voz alta. Al iniciar y al finalizar el día, ten una conversación contigo misma y siente tu cuerpo en estado de gratitud, pon atención en las sensaciones que surgen cada vez que te das las gracias.

LA VIDA ESTÁ LLENA DE DETALLES HERMOSOS QUE EN MUCHAS OCASIONES PASAN DESAPERCIBIDOS.

ASÍ COMO TE HE INVITADO A QUE OB-
SERVES TODO LO QUE PASA EN TU IN-
TERIOR, EN ESTA OCASIÓN TE INVITO A
QUE OBSERVES LOS DETALLES SUTILES
QUE HAY EN LA VIDA. RECUERDA QUE
LA GRATITUD FORMA PARTE DE TI,
SOLAMENTE ES NECESARIO QUE TE
CONECTES CON ELLA, QUE LE DES UN
ESPACIO EN TU VIDA Y QUE APRENDAS
A VIVIR A TRAVÉS DE ELLA.

DISFRUTAR DE LA SIMPLICIDAD DE LA VIDA

Una bruja valora el instante que está viviendo,
lo atesora en sus entrañas, reconoce el valor
que existe en lo cotidiano, en lo simple
y en lo natural.

Estamos viviendo tiempos complejos en los cuales el ego ha sido uno de los protagonistas de nuestra experiencia de vida. Se ha creado sistemáticamente una devaluación de lo simple y cotidiano, y ello ha ayudado a que se refuerce la tendencia a buscar el placer, la felicidad y el bienestar en lo material, dejando a un lado lo esencial y lo natural de la vida, ignorando los pequeños detalles que se van manifestando en el transcurso del día. Nos sumergimos en el ruido del exterior, en el estrés y la saturación de información, la cual nos va llevando sutilmente al camino del consumismo y el egocentrismo. De manera inconsciente, buscamos la píldora mágica que nos anestesie y nos proporcione una felicidad momentánea, y este patrón lo podemos estar reproduciendo durante toda nuestra vida, lo cual puede ser cansado y frustrante. Ha llegado el momento de abrir los ojos para regresar a lo esencial, a lo básico, a lo natural, a lo único, lo cual siempre será la mejor opción para construir una vida que valga la pena vivirse desde la conciencia y el amor.

Disfruta de las pequeñas cosas, porque tal vez un día vuelvas la vista atrás y te des cuenta de que eran las cosas grandes.

ROBERT BRAULT

❖ E J E R C I C I O ❖

CONECTANDO CON LO SIMPLE DE LA VIDA

❖ Haz una pausa y deja de hacer lo que estás haciendo y pensando. Deja a un lado cualquier dispositivo que te distraiga.

❖ Respira profundamente, enfócate en ti misma y en este presente.

❖ Observa tu cuerpo. Las sensaciones físicas de las cuales eres consciente en este instante: lo que ves, tocas y hueles, los sonidos que oyes, las emociones y los pensamientos. ¿Cómo te sientes en este momento? ¿En qué estás pensando? ¿Cuáles son el pensamiento y la emoción más agradables que tienes? Ahora observa a tu alrededor, los detalles que hay en el lugar que estás, identifica algún objeto, color, aroma o textura que te resulte agradable, enfoca tu mirada y atención en lo que has elegido. Quédate así unos segundos y pon atención a las sensaciones que surgen en tu cuerpo. Poco a poco, ve tomando conciencia de todas las sensaciones que van apareciendo en ti.

VIVIR CON UN SENTIDO

Una bruja abre los ojos para despertar y para conectar con su realidad, que va construyendo con amor y responsabilidad. Una bruja sabe que el sentido de su vida se lo otorga ella, no los demás.

¿Por qué y para qué vivir? ¿Cuál es el sentido de vivir? Cada vez que nos preguntamos cuál es el sentido de nuestra vida, conectamos con nuestro ser más profundo, el cual es único, no tangible ni medible. Esto lo hace especial y personal. Uno de los objetivos principales de la espiritualidad es ir hacia nuestra verdadera identidad, es quitar cada una de las capas que se han ido creando a través de este camino. El psicoanalista Erich Fromm menciona que el sentido de la vida no es más que un acto de vivir en una misma. Es habitar nuestra casa (cuerpo, alma y espíritu). Para Viktor Frankl, es hallar un propósito y a su vez hacernos responsables de nosotras mismas. Por lo tanto, el primer paso, según Viktor Frankl, es reflexionar y encontrar el para qué estoy viva, para después trabajar en el cómo; solo así podremos ser capaces de crear la realidad que deseamos.

Teniendo en cuenta lo que te comenté al inicio, el sentido de la vida es distinto para cada persona. Depende de las circunstancias, habilidades y objetivos de cada uno. Este proceso no está enfocado en encontrar el sentido, sino en vivir con un sentido propio elegido con conciencia. Para ello, la introspección será una gran aliada y hacernos preguntas que nos lleven hacia nuestro interior será fundamental. Observar las emociones y sentimientos que surgen a través de estas preguntas y estar conectadas con todo lo que forma parte de nuestra existencia será de gran ayuda para vivir con un sentido, el cual puede ser totalmente dinámico; esto quiere decir que a lo largo de nuestra vida se va transformando según las circunstancias que vamos experimentando. Pero ¿por qué es importante vivir con sentido en nuestra vida? Primero, porque nos hacemos protagonistas de nuestra vida. Tenemos un mejor entendimiento del porqué y el para qué estamos viviendo en ciertas circunstancias.

NOS CONECTAMOS CON NUESTRAS EMOCIONES, FORTALECE NUESTRA AUTOESTIMA, NOS BRINDA SEGURIDAD, LE DAMOS UN VALOR A TODO LO QUE HACEMOS, NOS AYUDA A SEGUIR CONOCIÉNDONOS Y TAMBIÉN A CREAR RELACIONES MÁS PROFUNDAS. EL SENTIDO DE NUESTRA VIDA NOS BRINDA UN CAMINO ELEGIDO POR UNA MISMA.

La búsqueda del sentido de la vida es la razón más profunda para la existencia humana.

✧ E J E R C I C I O ✧

CONECTANDO CON EL SENTIDO DE LA VIDA

Las siguientes preguntas te pueden acompañar en este proceso. Tómate el tiempo que sea necesario para reflexionar y contestarlas.

◆ ¿Qué significa para mí estar viva?

◆ ¿Qué es lo que más valoro en la vida?

◆ ¿Qué me inspira y me da esperanza?

◆ ¿Me permito ser plenamente como soy?

◆ ¿Qué aporto al mundo?

◆ ¿Qué acciones de mi vida diaria me llevan a ser la mejor versión de mí misma?

◆ ¿Qué me gustaría comenzar a hacer a partir del día de hoy?

LA SOLEDAD

Una bruja no teme la soledad porque sabe que es un encuentro sagrado con ella misma.

En los inicios de nuestra existencia necesitamos y dependemos del otro, a través de nuestra madre nos alimentamos y respiramos. Llegamos a esta vida siendo vulnerables, necesitando que alguien nos guíe, nos cuide, nos nutra y nos proteja hasta que creamos una autonomía. Este es un proceso natural de la vida; todo ser humano transita por él. Sin embargo, en algunas ocasiones, nuestra dependencia hacia el otro se extiende más de la cuenta y ello condiciona y limita nuestro proceso de autoconocimiento y autonomía. Me queda claro que somos seres sociales, que disfrutamos y aprendemos en el compartir, pero también en la soledad.

TENER ESPACIOS DE SOLEDAD PARA CONECTAR CON NUESTRO MUNDO INTERIOR ES FUNDAMENTAL PARA COMPRENDERNOS Y RECONOCERNOS.

El ruido del exterior, la dependencia emocional, el contacto con los demás, las conversaciones, los conflictos y los deberes van generando una sobrecarga constante, donde dejamos de ver lo que somos y comenzamos a vernos a través de las miradas de los otros. Por ahí leí que la soledad es un espejo en el cual nos podemos ver, reconocer y conectar con nosotras mismas, y en muchas ocasiones nos puede asustar, asombrar y extrañar todo lo que se refleja en la soledad.

ES ESENCIAL APRENDER A SOLAS, PARA RECONOCERNOS, ESCUCHARNOS Y CREAR UNA VOZ PROPIA. ES ESENCIAL QUE APRENDAMOS A ESCUCHAR EL SILENCIO, AHÍ ES DONDE SE ENCUENTRAN NUESTROS MIEDOS, PENSAMIENTOS, SENTIMIENTOS...; NUESTRA HISTORIA DE VIDA.

CONECTANDO CON LA SOLEDAD

En este proceso en el cual estás conociéndote y conectándote con la bruja sabia que vive en ti, es importante que te permitas tener espacios solo para ti. A continuación, te dejo una lista de cosas que puedes hacer los días que decidas tener una cita contigo misma. Planear una actividad (ir al cine o a cenar, ver una película en casa, leer, salir a caminar, meditar, descansar, etc.); escribir en tu diario y plantearte preguntas poderosas que te ayuden a conocerte un poco más (por ejemplo: ¿cómo te ha ido el mes?, ¿qué miedos superaste y qué has aprendido este mes?, ¿cómo te sientes actualmente en tu vida?, ¿qué significa para ti la soledad?, ¿te da miedo estar sola?, ¿de qué disfrutas más cuando estás sola?, ¿qué emociones surgen cuando estás sola?).

ETAPAS DEL DESPERTAR ESPIRITUAL

Cuando te sientas perdida, cuando sientas que la vida no tiene sentido, abrázate, abraza a tu alma, explora cada rincón de tu ser. Dentro de la oscuridad, ve guiándote con los pequeños destellos de luz que surgen del amor, la empatía y la compasión. No te presiones y no te limites. Permite que tu luz y tu oscuridad te guíen en este proceso. Ten calma, ten paciencia. Deja a un lado el ego, conecta con el amor para que él sea tu fiel compañero en esta aventura. Haz uso de las herramientas que has ido recolectando con los años. Utiliza tu respiración para conectar con tus emociones. Inhala todo lo que le dé sentido a tu alma: amor, compasión, dulzura, gratitud, paciencia, empatía…, y exhala todo lo que te aleja de tu esencia y te limita.

TOMAR CONCIENCIA DE NUESTRA ESPIRITUALIDAD ES INICIAR UN VIAJE PERSONAL EN EL CUAL ATRAVESAREMOS VARIAS ETAPAS EN LAS CUALES NOS PODEMOS GUIAR.

CONFUSIÓN

Muchos de los conceptos con los que hemos vivido serán cuestionados en este proceso. Saldrán las creencias limitantes que han condicionado nuestro proceso. Algo que sucederá de forma gradual. Comenzaremos preguntándonos por los temas que más nos inquietan en el presente (por ejemplo, ¿qué es la vida?, ¿para qué estoy viva?, ¿qué es la muerte?, ¿cuál es mi misión en esta vida?, ¿qué significa para mí la espiritualidad?, etc.). En esta etapa, muy probablemente, nos sentiremos confundidas y perdidas. Las ideas pueden aparecer desordenadas, sentiremos cierto caos formado por la información nueva que estamos adquiriendo y la información vieja que ya habita en nuestra mente.

AQUÍ ES MUY IMPORTANTE QUE TENGAMOS PACIENCIA PARA COMENZAR A DARLE UNA ESTRUCTURA A TODO LO NUEVO QUE VA LLEGANDO.

CAMBIO DE PERCEPCIÓN

Al comenzar a integrar nuevos conceptos y sobre todo al integrarlos en nuestra vida diaria, nuestra percepción paulatinamente comienza a transformarse.

VAMOS A COMENZAR A PERCIBIR LA REALIDAD DE UNA MANERA DISTINTA. SENTIMOS QUE YA NO ESTAMOS EN SINTONÍA CON VARIAS PERSONAS QUE FORMABAN PARTE DE NUESTRO CÍRCULO.

REAJUSTE

Ante los cambios y las dudas que están surgiendo en nuestra vida, muy probablemente vamos a seguir teniendo una gran necesidad de sustentar nuestro proceso, para lo cual pasaremos más tiempo a solas, buscaremos lecturas y tendremos conversaciones y encuentros en los cuales podamos expresar y seguir comprendiendo un poco más todos los cambios que se están manifestando en nuestra vida.

INTEGRACIÓN

La introspección jamás termina. Es parte del proceso espiritual ir comprendiendo y dándole un sentido a las situaciones que nos toca experimentar. En esta etapa nos sentimos más libres, sin presión, porque comprendemos que este proceso es para toda la vida, y todo lo nuevo que hemos integrado comienza a tener un efecto en nosotras, muy probablemente nos podemos sentir más alineadas con nuestro verdadero yo.

DESCANSO

Durante todo este proceso, es importante comprender que necesitamos tener espacios en los que podamos descansar y desconectarnos.

HEMOS DE RECORDAR QUE AUN EN ESTOS DESCANSOS SEGUIMOS TRABAJANDO Y PRACTICANDO LA ESPIRITUALIDAD.

COMPRENSIÓN Y FLEXIBILIDAD

Ningún proceso es lineal, por lo tanto, la flexibilidad será necesaria para comprender el ritmo y, a su vez, comprender cada una de las etapas que nos tocará vivir.

TODOS LOS PROCESOS SON ÚNICOS Y VALIOSOS. RECUERDA QUE NO EXISTE UN MÉTODO ESPECÍFICO; EL MÉTODO LO VAS CREANDO TÚ CON TU PROPIA EXPERIENCIA. TE PUEDES APOYAR EN TERAPEUTAS, LIBROS, PRÁCTICAS Y PÓDCASTS PERO TE INVITO A QUE TE APOYES ESPECIALMENTE EN TU IN-TUICIÓN Y SABIDURÍA.

PRÁCTICAS ESPIRITUALES

Actualmente existen varias herramientas que nos ayudan a conectar con nuestra espiritualidad. Quiero compartir contigo algunas que han sido de gran utilidad en mi proceso, te invito a que las practiques y a que, con toda libertad, elijas las que te funcionen a ti.

MINDFULNESS

Mindfulness es el término inglés que se utiliza para traducir la palabra «sati», del idioma pali, que hace referencia a 'conciencia' y 'atención'. Kabat-Zinn (2017) la define como 'la conciencia que aparece al prestar atención deliberadamente, en el momento presente y sin juzgar, a cómo se despliega la experiencia momento a momento'.

La práctica de *mindfulness* nos lleva a estar presentes al cien por cien en el aquí y ahora. Está claro que el pasado ya no existe y el futuro es totalmente incierto, nada ni nadie lo puede controlar ni predecir; sin embargo, nuestra mente pasa la mayor parte del tiempo enfocada en el pasado y en el futuro, y esto propicia que nos desconectemos de todo lo que está sucediendo en el aquí y ahora, lo cual drena paulatinamente nuestra salud mental, emocional y física.

El *mindfulness* no solo nos ayuda a comprender cómo estamos percibiendo nuestro interior y exterior, sino que también nos brinda un espacio para seguir fortaleciendo y cultivando las siguientes capacidades:

- **Compasión:** desde una mirada contemplativa, amorosa y amable, observamos cada una de las experiencias sin juicio, aceptándolas tal y como son.
- **Aceptación:** soltamos las resistencias, aceptamos el flujo natural de la vida, reconocemos la realidad, dejamos de luchar con la expectativa y el control.
- **No juicio:** nuestra mente ya tiene un funcionamiento instalado, el cual divide y etiqueta toda la información que va recibiendo. Mediante la práctica se puede crear una nueva manera de observar la realidad sin juicio.
- **Gratitud:** la vida es sumamente compleja, en algunas ocasiones nos toca experimentar sufrimiento, angustia y miedo; mediante la práctica del *mindfulness* comenzamos a mirar y apreciar la otra cara de la vida, en la cual se encuentra la dicha, la felicidad, la paz y la tranquilidad. Gradualmente, vamos reconociendo cada uno de los componentes que forman parte de la vida.
- **Confianza:** a medida que vamos haciendo esta práctica comprendemos que las respuestas están en nuestro interior, confiamos en nuestra intuición y en lo que vamos decidiendo porque nadie conoce mejor que nosotras nuestra historia de vida.
- **Paciencia:** la calma se convierte en nuestra mejor amiga, comprendemos que todo tiene un ciclo vital y que es necesario respetarlo.

PRACTICANDO *MINDFULNESS* NO BUSCAMOS CAMBIAR LO QUE NOS MOLESTA DE NOSOTRAS MISMAS O DE LOS DEMÁS, LA INTENCIÓN DE ESTA PRÁCTICA VA DIRIGIDA A QUE APRENDAMOS A OBSERVAR Y A COMPRENDER TODO LO QUE VA SURGIENDO EN NUESTRA VIDA, CÓMO SE MANIFIESTAN NUESTRAS EMOCIONES, CÓMO EXPERIMENTAMOS EL CONFLICTO, LA FELICIDAD, LA PLENITUD, EL MIEDO, LA TRISTEZA, ETC.

PRÁCTICA DE *MINDFULNESS*

1. Atención a la respiración. Ve a un lugar en el que puedas estar tranquila, acomódate en una posición en la cual tu cuerpo esté relajado. Lleva tu atención a tu respiración. No la modifiques ni la controles, simplemente obsérvala tal y como es en este momento. Si te distraes por un pensamiento o ruido, con amabilidad y sin juicio vuelve a centrar tu atención en tu respiración. Mediante esta práctica fortalecemos nuestra capacidad de concentración a la vez que calmamos nuestra mente.

2. El siguiente ejercicio lo puedes hacer cuando te sientas estresada, cansada o experimentes un agotamiento mental. Primero, haz unas cuantas respiraciones conscientes tal como te he explicado en el punto anterior y, cuando te encuentres conectada con tu respiración, poco a poco ve realizando los siguientes pasos:

> ❖ Piensa en cinco cosas que puedes ver en este momento. Pueden ser objetos que tengas alrededor del lugar en el que te encuentras.
>
> ❖ Ahora piensa en cuatro cosas que puedas tocar. Observa a tu alrededor y busca cuatro texturas que puedas tocar ahora.
>
> ❖ Después dirige tu atención a tres sonidos.
>
> ❖ A continuación, concéntrate en dos cosas que puedas oler.
>
> ❖ Para terminar, piensa en una cosa que puedas saborear.

Durante tu día haz una pausa y evalúa el estado en el que se encuentran tu cuerpo y tu mente. Las siguientes preguntas te pueden ayudar a identificar cómo te encuentras en el presente. Estas preguntas las puedes contestar en cualquier momento del día.

◆ ¿Cuál es la postura actual de tu cuerpo?

◆ ¿Tienes sed?

◆ ¿Cómo te sientes emocionalmente?

◆ ¿En qué piensas en este instante?

◆ ¿Tienes hambre?

◆ ¿Te preocupa algo?

◆ ¿Cuándo fue la última vez que fuiste consciente de tu respiración?

DIARIO DE GRATITUD

El diario de la gratitud nos invita a concentrarnos en las cosas buenas que están surgiendo en nuestra vida, lo cual es muy positivo para nuestra salud física y mental.

A TRAVÉS DE ESTA PRÁCTICA PODEMOS OBSERVAR TODOS LOS MATICES DE NUESTRA VIDA, ABANDONANDO EL PAPEL DE VÍCTIMA Y DE LA QUEJA PARA ASUMIR UN PAPEL ÓPTIMO Y REALISTA.

PUNTOS IMPORTANTES QUE DEBES TENER EN CUENTA

Tu actitud y compromiso. Recuerda establecer un propósito firme con el cual estés comprometida todos los días para llevar a cabo tu diario de gratitud.

Elimina las excusas. Durante este proceso es muy probable que aparezcan las excusas, recuerda cuál es el motivo por el cual tú elegiste iniciar esta práctica.

Escoge un momento del día. Siente la libertad de elegir tu momento especial para conectarte con la gratitud. Si lo haces por la noche, antes de dormir, te ayudará a revisar todos los acontecimientos que surgieron en el día. Si lo realizas al iniciar tu día, te puede ayudar a crear una actitud óptima y amable para vivir tu jornada.

¿QUÉ HAS DE REGISTRAR EN EL DIARIO DE GRATITUD?

- **Registra las actividades cotidianas que te hagan sentir bien.** Durante el día puedes experimentar decenas de cosas cotidianas, como beberte un café, mirar el cielo, tomar un baño, disfrutar de la compañía de tus hijos o pareja, etc. Siente la libertad de registrar todo lo que te haga sentir bien.

- **Registra tus posesiones significativas.** Recuerda incluir esas posesiones materiales que tienen un significado especial para ti. Por ejemplo, puedes sentirte agradecida por la comodidad de las zapatillas que estás utilizando o por tu colección de libros.

- **Registra tus habilidades y cualidades.** Siéntete agradecida por caminar, oír, sentir y ver, también dirige tu atención a cada una de las habilidades que has ido creando (por ejemplo, cocinar, aprender un idioma, pintar, tocar algún instrumento, etc.).

- **Personas que forman parte de tu vida.** Da las gracias a esas personas que hoy compartieron contigo un poco de su tiempo. Siéntete agradecida por tenerlas a tu lado.

- **Experiencias.** Si hoy te ha tocado vivir una situación extraordinaria, especial, no dudes en registrarla en tu diario. Describe cómo te has sentido emocionalmente y qué significado tiene para ti. Y si te ha tocado vivir una experiencia complicada, también escribe sobre ello. Recuerda que cada una de estas experiencias son oportunidades para aprender algo nuevo. Describe cómo te has sentido y qué has aprendido.

MEDITACIÓN

La meditación es otra práctica que nos aporta mucho en nuestro proceso de espiritualidad. Se ha practicado en culturas de todo el mundo durante miles de años: el budismo, el hinduismo, el cristianismo y el judaísmo. Mediante la meditación podemos reducir el estrés, mejorar la memoria y las funciones cognitivas y, también, aumentar la capacidad de concentración y atención.

IGUAL QUE EL *MINDFULNESS* Y EL DIARIO DE GRATITUD, UNO DE LOS OBJETIVOS PRINCIPALES DE LA MEDITACIÓN ES QUE CONECTEMOS CON EL AQUÍ Y AHORA, CENTRANDO NUESTRA ATENCIÓN EN NUESTRO INTERIOR.

GUÍA PARA INICIARSE EN LA MEDITACIÓN

Tu lugar tranquilo: es importante que tengas un espacio en el cual puedas estar en paz sin ninguna distracción. No es necesario que sea en tu casa, puede ser en un parque o en la playa. Cualquier lugar que te permita estar cómoda.

Escoge tu ropa: ponte ropa con la que te sientas cómoda para que tu atención esté totalmente dirigida a la meditación que vas a realizar.

Busca tu postura: siente la libertad de elegir una postura en la que tu cuerpo esté sin ninguna tensión. Procura estar relajada, pon atención en el cuello, la espalda y los hombros, porque suelen ser las partes del cuerpo que se tensan con más facilidad.

Crea una intención: ten la libertad de elegir cuál va a ser la intención de tu meditación (por ejemplo: conectarte al amor, descansar, conectarte a la felicidad, un momento de paz, etc.).

Tu respiración: cierra los ojos y, poco a poco, ve integrando todos los sonidos que hay en el exterior y al mismo tiempo ve dirigiendo toda tu atención a tu respiración. Recuerda que también puedes hacer esta práctica con los ojos abiertos, siente la libertad de elegir la opción con la que te sientas en sintonía. Puedes colocar tus manos sobre el pecho o sobre tu corazón. Inhala y exhala durante diez segundos, siente cómo la respiración recorre tus pulmones y cómo tu pecho sube y baja suavemente.

Sé flexible: si llega algún pensamiento que no tiene nada que ver con lo que estás haciendo, acéptalo, no pongas ninguna resistencia, es normal que suceda eso.

El tiempo: como sugerencia, te invito a que progresivamente vayas aumentando el tiempo de la meditación. Puedes iniciar tu rutina de meditación dedicando un minuto cada semana y luego puedes ir agregando el tiempo que tú sientas que es necesario. Aquí lo importante es que disfrutes de tu proceso y que lo hagas con amor y flexibilidad.

Introspección: al finalizar tu meditación, escribe cómo te has sentido, qué pensamientos surgieron durante la meditación… Si cuentas con algún oráculo, puedes utilizarlo e integrarlo en tu práctica.

> **IMPORTANTE**
> Si deseas añadir a tus prácticas meditativas velas, cuarzos, música o inciensos, hazlo; recuerda que quien va dirigiendo este proceso eres tú.

GROUNDING

El *grounding*, en español 'conectarse con la tierra', nos invita a poner los pies descalzos sobre la tierra. La técnica es muy simple y poderosa, porque nos ayuda a conectar con el presente y la realidad. También nos sirve para reducir el estrés. Es ideal para cuando estamos experimentando alguna emoción fuerte o estamos dentro de una espiral de pensamientos obsesivos e intrusivos. Según los estudios que se han realizado, los pies están llenos de terminaciones nerviosas y el contacto directo con el suelo nos ayuda a liberar el estrés y a relajar el sistema nervioso. Después de experimentar el contacto con el suelo, los niveles de adrenalina y cortisol también disminuyen. Entre sus múltiples beneficios, se encuentran la mejora del estado de ánimo, del sueño y de la propiocepción; y, además, nos brinda una carga de energía positiva. Los expertos nos invitan a practicar *grounding* durante veinte o treinta minutos; lo óptimo es tener contacto directo con la tierra y el césped, pero ¡hazlo donde sea!, no te limites, incluso lo puedes practicar dentro de tu casa.

Cuando estés haciendo *grounding*, te recomiendo que lo lleves a cabo con consciencia. Observa todo lo que está a tu alrededor, siente la temperatura y la textura del suelo, mira con atención el movimiento que hacen tus pies cada vez que tocan el suelo.

PARA REALIZAR ESTA PRÁCTICA, TAMBIÉN TE PUEDES APOYAR EN VELAS, INCIENSOS, AROMAS Y MÚSICA.

VIVIR LA ESPIRITUALIDAD

Para encontrarnos con la luz, la paz, la tranquilidad, el gozo, debemos enfrentar nuestra más profunda oscuridad. Debemos recorrer un camino elegido con total libertad y después de pasar por cada una de las etapas, analizando los porqués y los paraqués, podremos comprender un poco mejor nuestra historia de vida y a su vez darle un sentido, el cual nos brindará certeza.

COMO TE HABRÁS DADO CUENTA, VIVIR NUESTRA ESPIRITUALIDAD NO ES UN PROCESO SENCILLO, REQUIERE VALENTÍA, ENTREGA, COMPROMISO, COMPASIÓN Y AMOR.

Vivir nuestra espiritualidad no es aprender las prácticas que hay en este libro o en algún otro, vivir la espiritualidad es observarnos, es ver cómo vivimos el presente, la adversidad, la felicidad, el amor, las prácticas que vamos realizando conscientemente. Vivir la espiritualidad es dejar de identificarnos con todos los pensamientos que hay en nuestra mente y comenzar a conectar con la sabiduría y la intuición.

VIVIR LA ESPIRITUALIDAD ES ROMPERNOS PARA VOLVER A RECONSTRUIRNOS.

INTUICIÓN

¿Estás dispuesta a conectar con tu poder y sabiduría? ¿Estás dispuesta a confiar en ti y a guiarte con tu voz interior? ¿Estás dispuesta a escucharte? Si tu respuesta es sí, ha llegado el momento de que vuelvas a conectar con tu amiga, con la que sabe, con tu intuición.

¿QUÉ ES LA INTUICIÓN?

*Sigue tus instintos. Ahí es donde se manifiesta
la verdadera sabiduría.*

OPRAH WINFREY

A lo largo de la historia, la intuición ha sido nuestra fiel compañera, gracias a ella nuestros antepasados pudieron tomar decisiones que permitieron su supervivencia y evolución. Es importante recordar que, antes de que existiera el lenguaje, la intuición ya guiaba al ser humano.

ACTUALMENTE, EXISTE UNA GRAN NECESIDAD DE QUERER COMPRENDERLO TODO MEDIANTE LA RAZÓN, DEJANDO A UN LADO ESTA HERMOSA HABILIDAD, LA INTUICIÓN, QUE ESTÁ LLENA DE INFORMACIÓN QUE NOS PUEDE AYUDAR A CONECTAR CON LO QUE DE VERDAD SOMOS.

En este capítulo quiero hablarte de las diferentes perspectivas que hay sobre la intuición, pero, sobre todo, el principal objetivo es invitarte a que vuelvas a conectar con ella y que la conviertas en tu mejor amiga, que la escuches y confíes en sus señales, porque recuerda que la intuición siempre te va a guiar con amor y respeto.

Pero ¿qué es la intuición? Comúnmente, entendemos la intuición como la capacidad de comprender situaciones, cosas, pensamientos de manera instantánea, sin la intervención de la razón. También es conocida popularmente como «voz interna», «corazonada» o «presentimiento».

LA PALABRA «INTUICIÓN» PROVIENE DEL LATÍN *INTUITIO*, 'MIRAR HACIA DENTRO'. ESTE CONCEPTO FUE OBJETO DE ESTUDIO DESDE UN ENFOQUE TANTO FILOSÓFICO COMO CIENTÍFICO.

En el Instituto de Ciencias del Cerebro RIKEN, el doctor Keiji Tanaka realizó un estudio en el cual muestra cómo se manifiesta la intuición en el cerebro. El estudio se llevó a cabo con jugadores de *shōgi*, un juego muy parecido al ajedrez, en el que la intuición tiene un papel importante, ya que puede ayudar a realizar jugadas que le den la victoria al jugador.

Mediante resonancias magnéticas, el doctor Tanaka observó las áreas cerebrales que utilizaban los jugadores. Una de ellas era el precúneo. El precúneo forma parte del lóbulo parental superior y se encuentra en medio de ambos hemisferios cerebrales. Se relaciona con la memoria episódica, el procesamiento visoespacial y la conciencia. También detectó la activación de la corteza prefrontal ventromedial, donde almacenamos la información del pasado, pero específicamente la información relacionada con errores sufridos y situaciones desagradables. Cuando nos toca vivir una situación que tenemos que resolver inmediatamente, se activan estas áreas del cerebro para hacer un análisis rápido y, basándose en la información que contienen, y dependiendo de dicha información, se emite o no una señal de alarma. Desde esta perspectiva podemos comprender que la intuición no solo son conexiones neuronales, sino que también contiene información de todas las experiencias que hemos vivido y de nuestra personalidad.

El sociólogo Malcolm Gladwell nos habla sobre la inteligencia intuitiva, la cual es comprendida partiendo del concepto de *thin-slicing* creado por la psicóloga social Nalini Ambady y el profesor Robert Rosenthal. A nivel general este concepto hace referencia a la capacidad que tiene nuestro cerebro de crear juicios breves y rápidos a partir de las experiencias del pasado, algo que resulta muy útil en situaciones en las que nos sentimos confundidas o en peligro. Sin embargo, en la actualidad es un gran desafío conectar con la inteligencia intuitiva porque constantemente estamos recibiendo información por todas partes, y a esto hay que sumarle el estrés y la sobrecarga de actividades que experimentamos todos los días. Todo esto ocasiona que estemos desconectadas de los mensajes que va enviando la intuición.

AHORA ES IMPORTANTE COMPRENDER QUE LA INTUICIÓN JAMÁS DEJA DE FUNCIONAR, DESDE ESTE ENFOQUE TODAS LAS DECISIONES QUE VAMOS TOMANDO EN EL TRANSCURSO DE NUESTRA VIDA, POR MÁS RACIONALES QUE SEAN, TIENEN BASES INTUITIVAS. YA QUE LA INTELIGENCIA INTUITIVA Y LA ANALÍTICA FUNCIONAN DE MANERA PARALELA.

LA INTUICIÓN DE LAS BRUJAS

Una bruja sabe que la intuición es una maestra interna, la que la acompaña y la guía en el proceso de su vida. No la cuestiona, solamente la escucha y la obedece.

Una bruja cuida su voz interior, sabe que es valiosa, por eso le dedica un espacio y un tiempo, para darle los cuidados que necesita a fin de seguir fortaleciéndola.

Una bruja sabe que la intuición nunca miente, porque la sabiduría se manifiesta a través de ella de manera sutil y auténtica.

Una bruja sabe que le puede fallar la razón, pero jamás la intuición.

La intuición es un tesoro que habita en la psique. Para Clarissa Pinkola Estés, es como un instrumento de adivinación, representa una bola de cristal. Gracias a ella, podemos tener una visión más clara de nuestro interior. La intuición contiene toda la información que hemos ido recolectando a lo largo de la vida. Sabe cuándo estamos en peligro, cuándo tenemos que continuar o parar, cuándo llega el momento de soltar o tomar... La intuición se va formando a lo largo de la vida y en ella radica un gran poder que nos conecta con nuestra naturaleza y sabiduría. Sin embargo, hay que tener en cuenta que gran parte de nuestra educación y crianza está dirigida a cumplir los requisitos que demandan la familia y la sociedad, hemos normalizado el estar siempre al servicio de las demás personas, muy rara vez nos enseñan a escucharnos, a conectar con nuestras emociones, y mucho menos con nuestro cuerpo. Esto tiene como consecuencia que ahora en la adultez la mayor parte del tiempo estemos divagando y centrándonos en cosas que muy probablemente sean de poco enriquecimiento para el amor propio, la espiritualidad y la intuición… También tendemos a invalidar nuestras emociones (por ejemplo, si nos sentimos tristes, enojadas o confundidas, pensamos automáticamente que es por las hormonas, porque algo hicimos mal o porque somos culpables de alguna cosa, en lugar de darnos un espacio para comprender todo lo que está surgiendo en nuestro interior y, a su vez, darle un lugar y sentido propio).

AFORTUNADAMENTE, LA INTUICIÓN NO ES ALGO QUE SE PUEDA ELIMINAR. SE MANTIENE AHÍ, ESPERÁNDONOS HASTA QUE ESTEMOS LISTAS PARA VOLVER A CONECTAR CON ELLA.

LA INTUICIÓN JAMÁS DEJA DE ENVIAR-NOS SEÑALES, LO QUE OCURRE ES QUE, AL ESTAR ATURDIDAS POR EL RUIDO EXTERIOR, DEJAMOS DE ESCUCHARLA Y ATENDERLA. ASÍ ES, QUERIDA BRUJA, LA INTUICIÓN TE ESTÁ ESPERANDO PARA QUE VUELVAS A ELLA Y JUNTAS VIVÁIS ESTA EXPERIENCIA.

VOLVER A CONECTAR CON LA INTUICIÓN

La intuición no te dice lo que quieres escuchar;
te dice lo que necesitas escuchar.

SONIA CHOQUETTE

Para volver a conectar con la intuición, hay que dejar morir lo que tiene que morir. Tenemos que soltar todo lo que nos limita el acceso a ella: miedos, culpas, creencias limitantes, el qué dirán y los deberías. Hemos de dejar de ser tan buenas y complacientes con los demás; mucho de nuestro tiempo y energía está dirigido hacia los otros, lo cual genera paulatinamente una desconexión con nuestra voz interior. También necesitamos conectar con el inconsciente; sombra, ego y emociones. Será importante ir creando una autonomía y una conciencia propias que nos irán mostrando el camino hacia la intuición.

ES NECESARIO TENER UN MANEJO ADECUADO DE NUESTRAS EMOCIONES, ENTENDERLAS Y ESCUCHARLAS. DEBEMOS PRESTAR ATENCIÓN A LAS SENSACIONES CORPORALES, TOMAR EN CUENTA CUÁNDO Y POR QUÉ SURGEN.

Y, por último, tenemos que vivir conectadas con el presente, para estar atentas a todo lo que está surgiendo fuera y dentro de nosotras.

CONECTAR CON NUESTRA INTUICIÓN ES CREAR UNA SINTONÍA CON MENTE, CUERPO Y CONCIENCIA.

Es estar en contacto con nuestro yo más íntimo. Es vivir con inspiración y con certeza, porque la intuición tiene un papel fundamental en nuestra vida; como todos los fenómenos primitivos de nuestro cerebro, uno de los objetivos principales de la intuición es la supervivencia. Por lo tanto, la mayoría de las veces que se manifieste su intención será cuidarnos, protegernos y guiarnos hacia el crecimiento.

CARACTERÍSTICAS GENERALES DE LA INTUICIÓN

Es irracional. Los estudios realizados sobre la intuición nos dicen que pertenece al inconsciente y no puede comprenderse mediante la lógica.

Es anterior al lenguaje. Antes de que el ser humano pudiera describir con palabras lo que estaba sucediendo en el exterior, la intuición ya lo hacía mediante sensaciones, emociones o sentimientos.

Es instantánea. Se muestra de forma repentina ante una situación concreta. No se puede controlar, simplemente se manifiesta a través de imágenes, palabras, sueños o impulsos.

Es única. Se revela de una manera única en cada persona. Puede ser mediante una sensación de calma, por ejemplo. Es sutil, pero también puede ser incómoda en algunas ocasiones, sobre todo porque no podemos entender racionalmente lo que está pasando. Sin embargo, hay certeza, seguridad, flexibilidad, confianza y paz.

No es lineal. La intuición no responde a un patrón lógico; por el contrario, se presenta de manera desorganizada. Tampoco se puede comprender en el instante, es necesario dejar pasar un poco de tiempo para organizar las ideas que surgen a través de las señales de la intuición.

Puede irse desarrollando. Gracias a la neuroplasticidad de nuestro cerebro, es posible ir desarrollando y fortaleciendo la intuición mediante prácticas como el *mindfulness*, la meditación y la escritura.

Trabaja en equipo. Se ha comprobado que hay grandes resultados cuando la intuición trabaja en equipo con la razón, ya que se complementan.

SUGERENCIAS

Saber elegir un camino con el corazón es aprender a seguir el sentimiento intuitivo.

JEAN SHINODA BOLEN

No te presiones. Como ya sabes, la intuición no se puede forzar, por lo tanto, será importante que seas flexible y paciente. Que vivas tu proceso con paciencia y flexibilidad, porque la intuición se puede manifestar en cualquier momento y por eso es necesario que estés consciente viviendo en el aquí ahora.

Conecta con la naturaleza. Pasa más tiempo en la naturaleza, sal a caminar al bosque, a un parque, a la playa, observa el cielo, las nubes, las estrellas y la luna.

Aprende de la inteligencia emocional. Presta atención a cómo estás reaccionando cada vez que sucede algo inesperado en tu vida, pon atención en lo siguiente: ¿Cómo gestionas tus emociones? ¿Te permites llorar? ¿Expresas lo que sientes? La inteligencia emocional te invita a tener una gestión adecuada de cada una de tus emociones, pero también a detectar las señales de la intuición.

Deja a un lado el juicio. Permítete sentir y observar tanto tu mundo interior como el exterior. La tendencia a juzgarlo todo propicia que generemos una sobrecarga en el diálogo interno que favorece que nos desconectemos del presente y de las señales de nuestra intuición.

Autoconocimiento. Conócete, dedícate tiempo y dedica recursos para tu desarrollo personal espiritual. Hazlo con amor y con mucho cariño, y recordando siempre que te lo mereces.

La atención. Tu mirada tiene que estar dirigida hacia ti, para conocerte y crear una autoconciencia. La atención te invita a que tengas contacto con tu mundo interior; es importante que lo hagas con empatía y apertura.

Diálogo interno. Tu diálogo interno tiene un papel fundamental, ya que será necesario que poco a poco ese ruido interior vaya disminuyendo.

LA PSICOTERAPIA, LA MEDITACIÓN, EL *MINDFULNESS* Y LA ESCRITURA TE PUEDEN AYUDAR A CREAR UN DIÁLOGO INTERNO DIGERIBLE.

PRÁCTICAS PARA CONECTAR CON LA INTUICIÓN

No trates de comprender con tu mente. Tus mentes son muy limitadas. Usa tu intuición.

MADELEINE L'ENGLE

DESPERTANDO CON LA INTUICIÓN

Al despertar, aprovecha los primeros minutos de la mañana para conectar con tu intuición. Antes de revisar el móvil o hacer cualquier otra actividad, tómate unos minutos, inhala y exhala conscientemente cinco veces, cierra tus ojos, y así, tal como estás, inicia tu día, tranquila, agradecida, sin ruido... Imagina que estás en tu lugar seguro, ese que has creado solo para ti. En el centro de este lugar hay una mesa con una libreta y una pluma. Acércate a esa libreta y escribe la primera frase o palabra que se te ocurra. Cuando termines, de nuevo inhala y exhala profundamente cinco veces y, poco a poco, regresa al presente. Lo que escribiste en tu libreta imaginaria lo puedes trasladar a una libreta física, durante el día puedes ir reflexionando y dándole un sentido al mensaje que tu intuición te brinda por la mañana.

PAUSAS SAGRADAS

Las pausas sagradas te ayudarán a mejorar la concentración y la atención plena. Dependiendo de tu rutina, puedes programar tus pausas. Pueden ser cada tres, cuatro o cinco horas, y estas pausas pueden ser de cinco, diez o quince minutos. Las actividades que puedes hacer son las siguientes: respirar conscientemente, mover el cuerpo, mirar el cielo, escribir o simplemente descansar. También puedes hacerte preguntas sabias para conectar con el presente, por ejemplo: ¿cómo va mi día?, ¿cómo me siento?...

MEDITACIÓN

La meditación es una de las prácticas más poderosas. Nos ayuda a conectar con la intuición. Se ha comprobado que meditar diariamente no solo nos ayuda a bajar los niveles de estrés y a gestionar el diálogo interno, sino que además prepara la mente para recibir información que en muchas ocasiones pasamos por alto.

RECUERDA QUE PARA HACER UNA MEDITACIÓN LO ÚNICO QUE NECESITAS ES IR A UN ESPACIO EN EL CUAL TE SIENTAS CÓMODA, TRANQUILA, PROTEGIDA Y EN PAZ.

EJERCICIO BÁSICO DE MEDITACIÓN

Cuando te encuentres en tu espacio seguro, en un lugar cómodo, con tu espalda recta y tus pies descalzos tocando el suelo, cierra los ojos, relájate e inhala y exhala tranquilamente. Poco a poco, ve integrando todos los sonidos que hay en el lugar en el que estás. Permite que la silla absorba todo tu peso, siente cómo te vas relajando y cómo el estrés y las preocupaciones van desapareciendo. Céntrate solo en tu respiración, sé amable con los pensamientos que surgen en este momento, recuerda que aquí lo importante es que te observes y que todo lo que surja lo integres en tu proceso. Tómate el tiempo que tú creas necesario.

CUANDO TE SIENTAS LISTA, VUELVE A CONECTAR PAULATINAMENTE CON TU PRESENTE.

EMPODERA A LA BRUJA SABIA QUE VIVE EN TI

Cuando una mujer toma la decisión de abandonar el sufrimiento, la mentira y la sumisión, cuando una mujer dice desde el fondo de su corazón: «Basta, hasta aquí he llegado», ni mil ejércitos de ego y ni todas las trampas de la ilusión podrán detenerla en la búsqueda de su propia verdad.

CLARISSA PINKOLA ESTÉS

Conecta con tu poder, resiliencia, sabiduría, fortalezas y compasión, y deja que la intuición te guíe a tu autenticidad, al crecimiento y a la transformación. Recuerda que el encuentro y la conexión siempre es contigo. En tu interior se encuentra todo lo que estás buscando allá fuera.

EN ESTE CAPÍTULO QUIERO INVITARTE A QUE VUELVAS A CONECTAR CON TU MAGIA. PERO ANTES QUIERO SEÑALARTE QUÉ ACCIONES Y ACTITUDES TE DESCONECTAN DE ELLA.

Ser perfeccionista. Querida bruja, entiendo que te gusta que todo te salga bien, pero recuerda que no eres una máquina, eres un ser humano y el aprendizaje es parte de esta experiencia; por lo tanto, la probabilidad de cometer errores siempre será grande. Los errores te proporcionan oportunidades para que sigas aprendiendo, y estas oportunidades se van convirtiendo en una sabiduría que te será muy útil en futuras experiencias.

RESISTIRTE A LOS CAMBIOS

Querida bruja, deja de vivir con la creencia de que puedes controlar tu vida y la vida de los demás. Recuerda que la incertidumbre es parte de la vida y es importante que aprendas a vivir con ella.

LO MÁS AMOROSO QUE PUEDES HACER POR TI ES ACEPTAR EL CAMBIO Y ADAPTARTE A ÉL.

Ese cambio te está invitando a crear un nuevo orden en tu vida. Hazlo con conciencia y amor.

NO ESCUCHAR A TU CUERPO

Los mensajes del cuerpo son bastante claros. Sin embargo, es necesario que estés conectada con él para darte cuenta de lo que te está transmitiendo.

EL CUERPO TE VA A IR INFORMANDO DE CUÁNDO ALGO NO ESTÁ YENDO BIEN Y ES MOMENTO DE DESCANSAR.

NO TENER CLAROS TUS LÍMITES

Querida bruja, para proteger tu energía, es importante establecer tus límites; es decir, qué harás y qué no.

LOS LÍMITES TE AYUDAN A DEFENDERTE, A EXPRESAR LO QUE DESEAS Y A MANEJAR DE MANERA CONSCIENTE TU TIEMPO.

NO TENER UN ORDEN

Querida bruja, crea un entorno armonioso y seguro para ti. Las investigaciones muestran que los espacios desordenados afectan nuestros niveles de estrés y ansiedad de manera negativa, y también la capacidad para concentrarnos.

ORDENA TU ESPACIO SEGÚN TUS GUSTOS Y NECESIDADES. ES MUY IMPORTANTE QUE TE SIENTAS TRANQUILA EN TU HOGAR.

CONECTA CON TU RESILIENCIA

Puede que lo que me haya ocurrido me cambie.
Pero me niego a que lo que me ha ocurrido
me reduzca.

MAYA ANGELOU

Las brujas tenemos la capacidad de hacer frente a las adversidades, y no solo eso, aprendemos de ellas, tras cada golpe de la vida nos volvemos a levantar, volvemos a nuestro estado natural, pero más fuertes, más sabias y más valientes. Así es, la resiliencia es parte de la experiencia de vida. A nosotras las mujeres diariamente nos toca enfrentarnos a retos, crisis, desigualdad de género, injusticias e inseguridad, una realidad que nos obliga a desarrollar y ejercer continuamente la capacidad de resiliencia, que es una manera de sobreponernos ante la adversidad.

CUATRO TIPOS DE RESILIENCIA

- **Resiliencia psicológica:** también conocida como la fortaleza mental, esta capacidad nos permite adaptarnos y soportar los desafíos de la vida sin caer en patologías que afectan la salud mental y emocional.
- **Resiliencia emocional:** es muy similar a la resiliencia psicológica, ya que ambas se complementan, la diferencia es que la resiliencia emocional se enfoca en el manejo adecuado de las emociones. Teniendo un uso eficaz de las emociones, se pueden conseguir soluciones óptimas ante los problemas.
- **Resiliencia física:** este tipo de resiliencia se enfoca en la capacidad de resistencia y la memoria de nuestro cuerpo para superar enfermedades o lesiones.
- **Resiliencia comunitaria:** es la capacidad y las habilidades de un grupo para adaptarse a una situación adversa. Por ejemplo, tras un desastre natural, como un terremoto.

PRÁCTICAS PARA SEGUIR FORTALECIENDO LA RESILIENCIA

Puedes luchar, puedes quejarte por todo lo que has perdido... o puedes aceptarlo e intentar sacar algo bueno de ello.

ELIZABETH EDWARDS

Mírate: sé consciente de tus puntos fuertes y de tus puntos débiles, el autoconocimiento y reconocimiento es fundamental para un manejo adecuado de los momentos de crisis.

Usa tu creatividad: la vida está cambiando constantemente, muchas situaciones ya no volverán a ser como antes, será importante que utilices tu imaginación y creatividad para crear soluciones y también un nuevo orden en tu vida.

Confía: al estar utilizando tu imaginación y creatividad, es necesario que confíes en todas las decisiones que vas tomando y en los movimientos que vas creando durante tu proceso.

Ten una red de apoyo: establecer relaciones seguras con familiares y amistades ayuda a atravesar momentos complejos donde necesitamos sentirnos acompañadas. Recuerda que ser resiliente no significa que tienes que poder con todo.

HABRÁ OCASIONES EN LAS QUE NECESITES LA COMPAÑÍA, EL CONSUELO O EL CONSEJO DE UN SER QUERIDO, ALGO QUE ES VÁLIDO Y NECESARIO.

La crisis, oportunidad para el cambio: está claro que nadie puede evitar que ocurran eventos desagradables, sin embargo, sí podemos cambiar la manera de interpretarlos y vivirlos. Ante la adversidad, te invito a que mires más allá de lo que estás viviendo, que seas paciente y amorosa con tu proceso de vida, que te abraces y te hables con amor y dulzura.

RECUERDA QUE EN TODA CRISIS HAY UNA OPORTUNIDAD PARA SEGUIR CRECIENDO.

El cambio es parte de la vida: estás en constante crecimiento y transformación, por eso los cambios son necesarios en la vida. Aunque algunos de ellos serán sumamente dolorosos, aceptar las circunstancias de nuestra existencia es aceptar que nadie puede controlar y evitar vivir momentos adversos.

Amplía tu perspectiva: en muchas ocasiones te va a tocar enfrentar eventos muy dolorosos. Trata siempre de buscar un contexto más amplio, evita agrandar el evento fuera de su proporción y tómalo con paciencia, empatía, compasión, flexibilidad y amor.

Cuídate: pon atención a tus necesidades, ten hábitos que te permitan desconectar del mundo exterior y conectar con tu interior.

CUIDAR DE TI TE AYUDARÁ A MANTENER TU MENTE Y TU CUERPO LISTOS PARA ENFRENTAR LAS SITUACIONES QUE REQUIERAN RESILIENCIA.

Algo muy bonito le pasa a la gente cuando su mundo se ha venido abajo: una humanidad, una nobleza, una inteligencia superior surge justo en el momento en que nuestras rodillas golpearon el suelo.

MARIANNE WILLIAMSON

La resiliencia te invita a ser flexible, a soltar el control, a experimentar emociones fuertes, a buscar soluciones para hacer frente a la adversidad, a que conectes con tu cuerpo para saber cuándo es momento de descansar y cuándo de llenarse de energía. También te invita a que pases tiempo con las personas que amas, a que busques ayuda siempre que sea necesario, a que confíes en tu creatividad y en las decisiones que vas tomando durante tu proceso. Y te lleva, asimismo, a que te enfrentes con tus miedos, a probar cosas nuevas y a que le des un sentido a todas esas experiencias adversas que te ha tocado vivir.

EN POCAS PALABRAS, LA RESILIENCIA ES UN VIAJE, NO UN DESTINO.

✦ E J E R C I C I O ✦

APRENDIENDO DEL PASADO

Tómate unos minutos para reflexionar y observar lo resiliente que has sido en el pasado. Las siguientes preguntas tienen como objetivo identificar qué herramientas has utilizado para la adversidad.

◆ ¿Cuáles son los eventos más complicados que te ha tocado vivir?

◆ ¿Qué impacto tuvieron en tu vida?

◆ ¿Cómo actuaste en estas situaciones?

◆ Cuando algo no resulta como esperabas, ¿qué haces?

◆ Si te encuentras en una situación adversa, ¿te resulta fácil pedir ayuda?

◆ Cuando ves a alguien que está pasando por una situación parecida a la tuya, ¿le ofreces ayuda?

◆ ¿Te consideras una persona resiliente?

◆ ¿Qué es lo que te resulta más difícil en relación con la resiliencia?

CONECTA CON LA AUTOCOMPASIÓN

Sé para ti mismo el amor que nunca has recibido.

RUNE CAZULI

Querida bruja, piensa en algo de tu vida que te cause sufrimiento, algo que hayas hecho y por lo que te estás juzgando constantemente. Reconoce todas las sensaciones que surgen a través de ese juicio. Expresa con palabras qué es lo que te hace sentir (por ejemplo, «Me siento triste», «Estoy confundida», «Estoy enojada», «Pude haberlo hecho diferente»).

SENTIR ENOJO, TRISTEZA Y FRUSTRACIÓN FORMA PARTE DE LA VIDA. ES IMPOSIBLE IMAGINAR ESTA EXPERIENCIA SIN ESAS EMOCIONES, POR ESO ES IMPORTANTE APRENDER A GESTIONARLAS.

Ahora te invito a que tomes una postura desde la autocompasión: amorosa, bondadosa, flexible y empática. Coloca tus manos sobre tu corazón, cierra los ojos, inhala y exhala profundamente. Poco a poco, comienza a tomar conciencia de lo que está pasando en tu interior y, desde una mirada compasiva, háblate, abrázate, reconoce tu sentir y recuérdate que está permitido vivir tu proceso desde la autocompasión, sentirte incómoda, equivocarte, volver a intentarlo, salir de esta situación… Quédate así el tiempo que tú creas necesario. Y, cuando estés lista, abre tus ojos, recuerda que puedes escribir en tu diario lo que has sentido y aprendido con este ejercicio.

LA AUTOCOMPASIÓN NOS INVITA A QUE DEJEMOS DE JUZGARNOS Y CRITICARNOS. NOS LLEVA AL CAMINO DE LA EMPATÍA, LA DULZURA Y LA BONDAD. NOS RECUERDA QUE NO SOLO ES NECESARIO QUE SEAMOS AMABLES Y COMPRENSIVAS CON LOS PROCESOS QUE ESTAMOS VIVIENDO, SINO TAMBIÉN QUE SOLTEMOS EL CONTROL Y LAS EXPECTATIVAS.

Hemos de aprender a sostener con amor y empatía las situaciones que nos llevan a sentir sufrimiento, porque, hay que ser sinceras, cuando estamos dentro de esas situaciones, lo que menos necesitamos son reproches, lo que realmente anhelamos es un abrazo amoroso, una escucha empática y un acompañamiento respetuoso. Este acompañamiento en algunas ocasiones lo vamos a recibir de otras personas; sin embargo, sabes que no podemos depender de los demás. Nosotras tenemos que ser nuestras mejores amigas, ser esa persona que nos gustaría tener a nuestro lado en los momentos en que nos sentimos perdidas, tristes, enojadas y frustradas. La autocompasión nos proporciona estabilidad emocional, porque nos permite reconocer nuestra vulnerabilidad y resiliencia. Nos coloca en la realidad, en el presente, de tal forma que podamos aceptar cada una de las experiencias con mayor facilidad, sin caer en la tendencia de rechazar el sufrimiento. Nos recuerda que no somos perfectas y que estamos en constante transformación.

La investigadora Kristin Neff, basándose en estudios budistas, señaló que la autocompasión está formada por tres componentes principales: la autoamabilidad, la humanidad compartida y, por último, la atención plena.

Autoamabilidad: tiene como características principales la comprensión, la consideración y la benevolencia. Al ejercer estas características, dejamos de reforzar la crítica y el juicio hacia nosotras mismas. Desde una mirada compasiva nos reconocemos imperfectas y aceptamos la probabilidad de fracasar y experimentar circunstancias adversas, ya que estos componentes forman parte de la vida y son inevitables.

CADA VEZ QUE NOS TOCA VIVIR UNA SITUACIÓN COMPLEJA, LA AFRONTAMOS CON AMABILIDAD Y ACEPTAMOS QUE EN MUCHAS OCASIONES EL RESULTADO NO SERÁ EL QUE ESPERAMOS. NOS CONVERTIMOS EN UN ESPACIO SEGURO Y CÁLIDO DONDE PODEMOS EXPRESAR NUESTRO SENTIR.

Humanidad compartida: este componente nos invita a reconocer que la imperfección es parte de la experiencia humana, nos ayuda a no sentirnos diferentes a los demás cuando afrontamos y reconocemos nuestras limitaciones. También nos recuerda que nuestros pensamientos, acciones y sentimientos están influidos por factores genéticos, culturales y experiencias de la infancia.

TOMAR CONCIENCIA DE ESTO NOS AYUDA A COMPRENDER QUE NO TODO VA A DEPENDER DE NOSOTRAS, LO CUAL NOS AYUDA A TENER UNA ACTITUD COMPRENSIVA CADA VEZ QUE FALLAMOS.

Atención plena: también conocida como *mindfulness*, con ella conectamos con el presente, creando un estado mental receptivo. Desde una mirada compasiva observamos nuestros pensamientos y sentimientos tal y como son, no los controlamos, ni tampoco los reprimimos, simplemente los aceptamos. Este componente nos ayuda a observar nuestros pensamientos y emociones desde una perspectiva amplia y a hacernos conscientes de las experiencias que estamos viviendo en el aquí y ahora.

CONECTA CON TUS FORTALEZAS

Tu mirada se aclarará solo cuando puedas ver dentro de tu corazón. Aquel que mira hacia fuera sueña; aquel que mira hacia dentro despierta.

CARL JUNG

Querida bruja, me gustaría que, antes de que continúes leyendo este capítulo, te regales unos minutos para reflexionar sobre las cualidades (fortalezas) que utilizas para enfrentar el vaivén de la vida. Imagina que simbólicamente llevas contigo una maleta en la cual has ido depositando todas las fortalezas que se han ido gestando a través de tu vida, estas fortalezas te han ayudado a superar problemas, a poner límites, a hacer cambios, a conquistar tus metas, etc. Tus fortalezas son tus grandes aliadas para seguir creando tu vida. ¿Qué contiene tu maleta? ¿Te sientes bien con tus fortalezas o te gustaría agregar algunas más? Las fortalezas son habilidades que ejecutamos a diario, y en muchas ocasiones no somos conscientes del esfuerzo que se involucra en cada una de ellas. Hacen referencia a los talentos, virtudes y actitudes que forman parte de nuestro carácter y personalidad. Tomar conciencia de las fortalezas que forman parte de nuestra personalidad nos ayudará a manejar y solucionar mejor los problemas, así como a mejorar la relación que tenemos con nosotras mismas y con los demás, algo que no solo beneficiará nuestra salud mental y emocional, sino que también reforzará nuestra resiliencia y amor propio.

El psicólogo y escritor Martin Seligman investigó las veinticuatro fortalezas más importantes y necesarias para el ser humano y las dividió entre las seis virtudes: la sabiduría, el coraje, la humanidad, la justicia, la templanza y la trascendencia.

SABIDURÍA

La sabiduría no es solamente adquirir conocimiento, sino usarlo de manera creativa y útil en la vida diaria.

Creatividad: crear nuevas formas para solucionar, ordenar y responder a las experiencias de la vida.

Curiosidad: tener el interés constante en ampliar la variedad de temas.

Mente abierta: observar las cosas desde diferentes ángulos.

Amor por el aprendizaje: adquirir nuevos conocimientos y habilidades.

Perspectiva: tener la capacidad de brindar consejos sabios, empáticos y amorosos y observar la vida de una manera que tenga un sentido.

CORAJE

Esta fortaleza permite conquistar metas a pesar de cualquier oposición o adversidad que se atraviese en el proceso.

Honestidad: hablar con la verdad, ser auténtica.

Valentía: enfrentar y aceptar los desafíos de la vida.

Persistencia: terminar los compromisos que se comienzan.

Ánimo: tener una actitud óptima ante las situaciones de la vida.

HUMANIDAD

La humanidad contiene fortalezas interpersonales que nos invitan a cuidarnos y crear redes de apoyo que nos brinden espacios seguros.

Bondad: trabajar para el bien común de la sociedad.

Amor: otorgarle un valor y significado a nuestra red de apoyo.

Inteligencia social: tomar conciencia de los motivos y sentimientos de las demás personas.

JUSTICIA

La justicia está constituida por varias fortalezas enfocadas en la comunidad con el objetivo de crear un entorno equitativo.

Equidad: tratar a todas las personas por igual.

Liderazgo: crear actividades e ideas para motivar el crecimiento de un determinado grupo, comunidad u organización.

Trabajo en equipo: intercambiar ideas y herramientas con otros grupos.

TEMPLANZA

La templanza está constituida por fortalezas que buscan crear un equilibrio y flexibilidad en la vida.

Perdón: perdonar las acciones de los otros que han causado un daño, comprender que no se puede deshacer el daño, pero sí nos podemos transformar a través de él.

Modestia: mostrarnos libre y naturalmente, sin miedo ni limitaciones.

Prudencia: ser consciente de las decisiones que se van tomando.

Autorregulación: tener disciplina y gestionar adecuadamente las emociones.

TRASCENDENCIA

Esta serie de fortalezas están enfocadas en forjar la espiritualidad.

Apreciación de la belleza: observar y apreciar la belleza y la excelencia de todos los componentes que forman parte de nuestra experiencia de vida.

Gratitud: tener la capacidad de dar las gracias por todo lo que va surgiendo en el día.

Esperanza: creer que las cosas buenas son posibles, tener paciencia para esperar que lleguen los resultados.

Humor: reír y disfrutar de las cosas sencillas de la vida.

Religiosidad: tener una creencia sólida y un significado de la vida.

Teniendo en cuenta esta información, te invito a reflexionar sobre las siguientes preguntas. Ello te ayudará a identificar tus fortalezas. Es importante que recuerdes que cuando estás poniendo en práctica tus fortalezas te tienes que sentir auténtica y sincera contigo misma.

✦ ¿Con qué grupo de fortalezas te identificas más?

✦ ¿Cómo te sientes cuando estás ejecutando tus fortalezas?

✦ ¿Qué grupo de fortalezas te gustaría integrar en tu vida? ¿Cuál sería el objetivo de integrar ese grupo de fortalezas?

✦ ¿Qué grupo de fortalezas es el que más te hace falta en este momento? ¿Para qué lo necesitas?

> *Querida bruja, recuerda que dentro de ti está todo lo que precisas para seguir creando tu vida. Entiendo que la vida no es fácil, es como una montaña rusa, dados todos sus altibajos, y en algunas ocasiones te tocará cambiar de camino. Conocer tus cualidades y fortalezas te ayudará a tomar decisiones sabias y amorosas para tu proceso. Nunca dejes de aprender ni de conocerte, jamás te postergues, dedícate tiempo, dedícate espacios para seguir empoderando a la bruja sabia que vive en ti.*

SÉ AUTÉNTICA

Sea auténtica, sea consecuente con su persona interior y averigüe qué quiere hacer con su preciosa vida. Desde fuera intentarán contestar por usted a las preguntas esenciales, no lo permita.

JEAN SHINODA BOLEN

La palabra «autenticidad» viene del latín *authenticus*, que significa 'original', 'auténtico', 'que responde a sí mismo'. El *Diccionario Robert* define ser «auténtico» como 'expresar una verdad profunda sobre uno mismo, y no hábitos superficiales, convencionales'. Ser auténticas es expresarnos libremente, sin máscaras y sin etiquetas. Es romper con un patrón. Es abrazar cada componente que forma parte de nuestra personalidad. Es conocernos. Es poner los pies en la tierra. Es ser fiel a nuestros principios. Es ser genuinas y naturales. Es ser congruentes con lo que somos, aun cuando los demás no estén de acuerdo.

ES VIVIR UNA VIDA COHERENTE, LA CUAL ES ELEGIDA POR UNA MISMA. ES DEJAR DE DEPENDER DE LA APROBACIÓN DE LOS DEMÁS.

Para conectar con la autenticidad, es necesario rechazar todos los estereotipos y etiquetas que nos alejan de ella. Debemos negarnos a aceptar las identidades que constantemente nos ofrece la sociedad y, en muchas ocasiones, también la familia. Tenemos que emprender un viaje que dura toda la vida, enfocado en el amor propio y el autoconocimiento. Es necesario enfrentar nuestros miedos y limitaciones, conocer de dónde vienen y por qué han estado en nuestra vida. La autenticidad nos invita a aceptar nuestra vulnerabilidad, a comprender que no podemos controlar ni satisfacer siempre a los demás. Llegó el momento de dejar de fingir que siempre somos fuertes y que podemos con todo, llegó el momento de hablarnos con la verdad y de reconocer que ser vulnerables no nos hace débiles, sino reales.

POR TODO ELLO, ACTUALMENTE SER UNA BRUJA AUTÉNTICA ES UN GRAN ACTO DE VALENTÍA Y AMOR PROPIO.

PIENSA...

- ◆ ¿Qué pasaría si fueras fiel a tus gustos?
- ◆ ¿Cómo te sentirías si fueras sincera en tus opiniones?
- ◆ ¿Qué pasaría si fueras honesta respecto a tus necesidades?
- ◆ ¿Qué cambiaría en ti si fueras sincera con respecto a tus pensamientos y sentimientos?
- ◆ ¿Cómo te sentirías si te mostraras con autenticidad ante tu red de apoyo?

RECUERDA... SER AUTÉNTICA ES UN ACTO AMOROSO Y SINCERO PARA TI MISMA. REFLEXIONA SOBRE LAS MENTIRAS O FALSAS AUTENTICIDADES QUE HAS ESTADO VIVIENDO EN LOS ÚLTIMOS MESES. DESDE LA EMPATÍA Y LA COMPASIÓN, ANALIZA POR QUÉ Y PARA QUÉ HAS ESTADO VIVIENDO DE ESA MANERA. ESTE ANÁLISIS PUEDES HACERLO EN TODAS LAS ÁREAS DE TU VIDA: FAMILIA, TRABAJO, PAREJA Y CONTIGO MISMA.

CONECTA CON TU SABIDURÍA

No hay que confundir nunca el conocimiento con la sabiduría. El primero nos sirve para ganarnos la vida; la sabiduría nos ayuda a vivir.

SORCHA CAREY

El mundo necesita más brujas sabias, conectadas con su magia, poder y autenticidad. La palabra «sabiduría» tiene un origen antiguo, que se remonta a la palabra hispana «sabidor»; hoy en día sería 'sabedor, el que sabe'. Durante muchos siglos, la sabiduría fue el estudio de grandes filósofos, estudiosos y alquimistas.

EN LA MITOLOGÍA, ERA REPRESENTADA POR DIOSES Y DIOSAS (POR EJEMPLO, EN LA MITOLOGÍA GRIEGA TENEMOS A LA DIOSA ATENEA, QUE REPRESENTA LA SABIDURÍA, LA ESTRATEGIA Y LA JUSTICIA).

En cuanto a la religión, en la Biblia, en el apartado de los proverbios, se enseña la sabiduría como mandato divino, el cual va acompañado de la prudencia; es decir, las personas sabias son las que actúan de manera prudente a las experiencias de la vida. Desde la psicología, la sabiduría se forma con la integración de los siguientes componentes: conocimiento, experiencia, tolerancia a la incertidumbre y comprensión profunda de las experiencias de vida.

CONECTAR CON TU SABIDURÍA ES SER UNA BRUJA OPTIMISTA, LA CUAL ENFRENTA LAS ADVERSIDADES DE LA VIDA CON RESILIENCIA, CALMA Y PRUDENCIA.

Te lleva a observar el panorama general de lo que estás viviendo, te invita a soltar la mentira de que puedes controlar lo que está fuera de ti, porque te dirige a tu interior, hacia tus emociones y pensamientos, pero también te hace ver tus fortalezas, las cuales son valiosas herramientas que te ayudan a ir solucionando los conflictos de la vida. La sabiduría te hace mirar y tomar conciencia de la sororidad, a través de ella vas creando tu tribu, donde comienzas a compartir tu conocimiento y a la vez aprendes de las experiencias de otras mujeres sabias. La sabiduría te invita a que seas una mujer independiente y consciente de tu fuerza y seguridad, recordándote constantemente que la única persona que puede opinar y tomar decisiones en tu vida eres tú. Por medio de la sabiduría, conectas con tu sentido del humor, con lo simple, lo cotidiano y el presente, porque es necesario poner los pies en la tierra, vivir en la realidad que se va creando con todas las decisiones que tomas.

LA SABIDURÍA, JUNTO CON TU INTUICIÓN, SIEMPRE SERÁN TUS MEJORES AMIGAS.

SORORIDAD

Encontrarte en tu camino con mujeres poderosas,
sabias y valientes no es una casualidad.

Necesitamos más brujas trabajando en conjunto, aprendiendo las unas de las otras. Necesitamos crear espacios seguros en los cuales podamos compartir nuestras experiencias. Necesitamos dejar de internalizar los comentarios sexistas y los comportamientos misóginos; dejar de competir, de ver a las otras como nuestras rivales. Necesitamos hacer todos los cambios que sean necesarios para ser amables y amorosas con nuestros procesos y con los procesos de otras mujeres.

NECESITAMOS ALZAR LA VOZ JUNTAS PARA QUE NOS ESCUCHEN POR TODOS LADOS.

El concepto de sororidad hace referencia a la solidaridad entre mujeres. La palabra deriva del latín *sor*, que significa 'hermana'. La Real Academia Española registró este concepto con la siguiente definición: 'Relación de solidaridad entre las mujeres, especialmente en la lucha por su empoderamiento'. Para la antropóloga investigadora Marcela Lagarte, la sororidad es 'amistad entre mujeres diferentes y pares, cómplices que se proponen trabajar, crear y convencer, que se encuentran y reconocen en el feminismo, para vivir la vida con un sentido profundamente libertario'.

Para Lagarte la sonoridad tiene tres dimensiones:

Dimensión ética: es una experiencia que invita a las mujeres a buscar relaciones positivas, donde hay una escucha respetuosa, complicidad, empatía, colaboración y soluciones a los problemas a los que se enfrentan.

Dimensión política: al ser un movimiento político, lo que se busca es la eliminación social de todas las formas de opresión que se ejercen actualmente, para crear una igualdad y equidad en todos los grupos vulnerables.

Dimensión práctica: es necesario que haya un apoyo genérico y vital a cada una de las mujeres.

La sororidad nos motiva a crear alianzas entre nosotras, sin importar las diferencias que existan, ya que el objetivo principal es reconocer el valor y el trabajo que ejerce cada una, otorgándole validez, potenciando las coincidencias y dejando a un lado todas las diferencias. Cada mujer, cada bruja, tiene una historia de lucha y trabajo que ha forjado su carácter, personalidad y esencia. Todas tenemos mucho que compartir y reaprender. Todas merecemos liberarnos del cuento donde aprendimos a rivalizar, a competir, a invalidar los procesos de las demás.

ES NECESARIO QUE RECORDEMOS QUE NO SOMOS COMPETENCIA, JUNTAS SOMOS FORTALEZA.

¿CÓMO SER SORORAS?

❖ Rechazando toda violencia lingüística; basta de insultos y basta de dar opiniones sobre cuerpos y vidas ajenas.

❖ Dejando de juzgar las decisiones que toman otras mujeres.

❖ Ayudando a otras mujeres a salir de la violencia de género.

❖ Dejando de ver a las otras mujeres como competencia y comenzar a verlas como aliadas.

❖ Impulsando a otras mujeres a alcanzar la independencia económica.

❖ Denunciando toda violencia machista.

❖ Considerando nuestras iguales al resto de las mujeres.

❖ Siendo amable con nosotras mismas y con las demás.

CONCLUSIÓN

Cuando una mujer decide dejar de jugar según las reglas patriarcales, no tiene indicadores que le digan cómo actuar y sentir. Cuando no quiere ya perpetuar formas arcaicas, la vida se hace emocionante, terrorífica. «El cambio asusta, pero donde hay miedo hay poder. Si aprendemos a sentir nuestro miedo sin dejar que nos detenga, el miedo se convierte en aliado, en una señal que nos dice que algo que hemos encontrado puede ser transformado. A menudo, nuestra verdadera fuerza no radica en aquello que representa lo familiar, lo cómodo o positivo, sino en nuestro miedo y en nuestra resistencia a cambiar.

STARHAWK, *DREAMING THE DARK*

Querida bruja, en las primeras líneas de este libro señalé el objetivo principal de estas páginas: ayudarte a conectar con el poder y la sabiduría que existen en ti. Entiendo que todos los procesos son diferentes, únicos y valiosos.

NO PRETENDO QUE TOMES COMO UNA VERDAD TODO LO QUE HAS LEÍDO, LO ÚNICO QUE DESEO ES QUE TE CONVIERTAS EN TU MEJOR AMIGA.

Que abraces tu luz y sombra. Que pienses y hables desde una voz propia creada por ti. Que seas el centro de tu vida. Que tengas compasión de cada uno de los procesos que has vivido y de los que te tocarán vivir. Que comprendas y abraces tus heridas. Que te conectes con tu intuición, creatividad y gratitud, y con tu presente. Que te seas leal y fiel. Que vivas libre, y en esa libertad compartas tu magia y brillo con el mundo.

ANTES DE QUE TERMINES DE LEER ESTE LIBRO, QUIERO INVITARTE A QUE TE DES UN FUERTE ABRAZO LLENO DE AMOR Y EMPATÍA.

Toma conciencia de lo que has leído y de lo que has aprendido en tu proceso de vida y, desde una mirada compasiva, observa todo lo que has hecho para llegar hasta aquí, los miedos que has superado, todas las veces que te has levantado tras ser derrotada por la adversidad, las fuerzas que has utilizado para atravesar el camino del dolor, a todas las personas que has perdido en tu andar, todos los hábitos que has eliminado de tu vida y todos aquellos que has agregado.

OBSERVA TODO LO QUE TE HA TOCADO VIVIR. UNA VEZ HECHO ESTO, RECONOCE TU VALENTÍA, ENTREGA, DETERMINACIÓN Y RESPONSABILIDAD. ASÍ ES, RECONÓCETE COMO UNA MUJER COMPLETA Y SABIA.

La intuición de las brujas partió de la idea revolucionaria de que está bien ser diferente, está bien ser rebelde, está bien vivir una vida propia. Y digo que es una idea revolucionaria porque siempre se ha juzgado a las mujeres que han decidido rechazar los estereotipos y las reglas creadas por un sistema patriarcal. Nos han enseñado a tener miedo a las brujas, nos han dicho que son mujeres malas, las esposas del diablo, impuras y peligrosas… De todos esos calificativos, solamente estamos de acuerdo con uno, el de peligrosas. Sí, somos mujeres peligrosas porque somos mujeres llenas de poder y de sabiduría.

SOMOS MUJERES QUE NO NOS QUEDAMOS CALLADAS, QUE NOS GUSTA VIVIR LIBRES, ENARBOLANDO LA BANDERA DE LA GRATITUD Y LA VERDAD.

SER BRUJA NO ES UNA OFENSA, SER BRUJA ES UN GRAN HONOR, PORQUE ES VIVIR CON VOZ PROPIA, ES ESTAR CONECTADA CON LA NATURALEZA Y CON NUESTRA ESENCIA, ES SER FIEL A NOSOTRAS MISMAS, ES CREAR LA VIDA QUE QUEREMOS, ELEGIDA CON CONCIENCIA Y CON AMOR, ES VIVIR A FAVOR DE LA VIDA, ES ESCUCHARNOS Y AMARNOS. ASÍ QUE SER BRUJA SIEMPRE SERÁ UN VERDADERO HONOR.

AGRADECIMIENTOS

A todas las mujeres de todas las épocas que con su valentía y sabiduría han alzado la voz. Gracias.

A mi madre y a mi padre, que me entregaron el regalo más valioso: mi vida. Gracias.

A Pablo, por acompañarme, por escucharme, por su paciencia y sus palabras de aliento. Gracias.

A Paty, mi hermana, mi maestra de vida. Gracias por apoyarme, por quererme, por acompañarme y por cada uno de los consejos que me diste para este libro.

A Óscar, Ángela, Ángel; ustedes siempre serán mi fuente de inspiración. Gracias.

A Penguin Random House, gracias por esta gran oportunidad, por confiar en mí, en especial a Sara Cano, mi editora; gracias por tener una visión tan clara de cómo dar forma a estas páginas.

Pero, ante todo, a ti, querida de lectora, gracias por regalarme unos minutos de tu vida, gracias por formar parte de este gran sueño.